心雲投影

星雲大師傾談人生修行

羅金 著

前言

第一章

一修：人我不計較，寬容遍法界

不論是學佛還是處世，包容的智慧都彌足珍貴。

——星雲大師

目錄

第二章

二修：彼此不比較，欲少方憂少

佛陀所說的斷掉各種貪欲，並非是說讓人變得無情無欲，而是說要消除人的不合理的、過分的、有礙身心健康的欲望，從而完善人生，使人生更加幸福。

——星雲大師

第三章

三修：處事有禮貌，教養悅人心

昔日馬勝比丘以威儀度化舍利弗，成為千古的佳話。因此，樹立良好的形象，不但是做人的基本條件，更可以成為度眾的方便法門。

——星雲大師

目錄

第四章

四修：見人要微笑，常駐歡喜心

請不要抱怨世人的勢利，事實上，如果換了你，你也不會樂意在一個整天絮叨、憤怒、仇恨的人身邊多待。

——星雲大師

第五章

五修：吃虧不要緊，磨難為上緣

吃虧是福，藏匿著天理人欲的平衡，若要將吃虧是福作為人生信念來守持，必須接受佛學理念的三世說。當然，對於崇尚爭眼前、爭一時、爭朝夕的急功近利的急躁心態來說，這一說法是不對他們心路的。

——星雲大師

第六章

六修：待人要厚道，佈施勿求報

你可以沒有學問，但不能不會做人。人難做，做人難。
在現今的社會，人要有表情、音聲、笑容，才會有人情味。
懂得感恩者，才會富貴。
一點頭、一微笑、主動助人，都是無限恩典。

——星雲大師

目錄

第七章

七修：心內無煩惱，自在樂逍遙

禪者有一顆「美心」，所謂「心美，一切皆美」，這個「心美」就是禪。
懂得欣賞，平凡枯燥的生活也有它的溫馨，
身處嘈雜的鬧市之中也能感覺很美；
不懂得欣賞，身處人間仙境也會覺得毫無趣味。

——星雲大師

第八章

八修：口中多説好，言談悦人心

多年以前，曾經在一篇文章裡讀到這麼一句話：
「語言，要像陽光、花朵、淨水。」
當時深深感到十分受用，於是謹記心田，時刻反省，
隨著年歲的增長，益發覺得其中意味深長。

——星雲大師

目錄

第九章

九修：所交皆君子，同道方為朋

佛陀弘法時處處寬容那些迫害、誣陷、加害他的人，同時以自己骨肉的割捨，促使傷害他的人有所警覺，在成佛之後，第一個度的人便是自己的朋友。

——星雲大師

目錄

第十章 十修：大家成佛道，自己度自己

和許多傳說一樣，釋迦牟尼的降生也帶有強烈的神話色彩，但這並不妨礙我們從中領悟做人的思想和精神。佛祖是在開釋我們：人人皆有佛性，人人皆可成佛。

——星雲大師

前言

「春有百花秋有月，夏有涼風冬有雪，若無閒事掛心頭，便是人間好時節。」如此恬淡平適，是一代高僧星雲大師的內心寫意。星雲大師在講道中談起自己的一生，他說：「我一生沒有遺憾，希望你們也能得度歡喜。」

星雲大師的佛學開示語重心長，倍感親切，發人深省，對大眾的人生拓展、學業、事業、生活及修養心性諸方面分析和指導，可謂是「佛光普照三千界，法水長流五大洲」。而他宣導的「人生十修歌」，更是將歡喜與融和、同體與共生、尊重與包容、平等與和平、自然與生命、圓滿與自在、公是與公非、發心與發展、自覺與行佛等推向了高潮。

佛家認為，我們的人生就是一場修行。

佛說：佛法在世間，不離世間覺。離世覓菩提，恰如求兔角。也就是說，修行如果與生活脫節，就算學再多的佛法，也是沒有用的。

星雲大師說，普通人對禪的認識最大誤區之一，就是把做事與修行分開。其實，黃粟禪師開田、種菜；溈山禪師和醬、採茶；石霜禪師磨麥、篩米；臨濟禪師栽松、鋤地；雪峰禪師砍柴、擔水；還有仰山禪師的牧牛、洞山禪師的果園等，都說明了一個道理：禪在生活中，生活才是禪。

禪宗的要義有一條就是：**坐也禪，立也禪，吃飯、喝水都是禪，日常生活即是禪。**

佛家的修行並不是要我們坐在那裡獨自閉目默想，或者一味地敲著木魚念誦經文，舉凡生活中吃飯穿衣、一言一行都可修行。修行就是修心，修持一顆平靜的心，心放正了，一切都會一帆風順。

生活其實很簡單，就是活在當下；修行其實也很簡單，就在身邊。生活中處處體現修行，修行時時出於生活。處處圓融，隨緣自在，這就是生活，這就是修行。

修行有很多內容，特別是當今這個物欲橫流的世界，人們比任何時候都要經受更多的誘惑。如果不能有一個正確的是非標準，不能有正確的人生觀、價值觀，我們隨時都可能成為欲望的奴隸，從而在人海中迷失自己。因此，每天每時我們都要記住：我們是在進行一場修行。

閱讀書中星雲大師鼎力推薦的佛家十修偈語，跟著作者深入淺出地理解偈語諭示，你就能看到星雲大師就一般人所關心的財富、教育、健康、家庭、成功等人生課題展開的真理和智慧。書中，作者循序漸進、通俗易懂地引領讀者親炙大師真誠與慈悲的人文關懷與生命關注，透過精闢又易於為普通人接受和理解的分析，可提供現代人更宏觀的視野以及更深層的省思。

讓我們一起踏入修行之路，一條通往人類內心最深遠處的道路。在這條道路的盡頭，我們可以找到一種智慧，這種智慧能夠讓我們瞭解生命的真諦，使我們的生命達到充滿喜悅的圓滿狀態。

花開結果，即是菩提。如果能學會用一顆佛心來感悟人生，那麼在塵事中，你就會慢慢地修煉成一朵花，人生也會變得更加幸福快樂。

一修

第一章

人我不計較，寬容遍法界

不論是學佛還是處世，包容的智慧都彌足珍貴。

——星雲大師

1 佛法宣導的包容精神

星雲大師說：「不論是學佛還是處世，包容的智慧都彌足珍貴。」真正的佛法，對於世間的一切都是恭敬的，這是佛的精神。所以，即使你不信佛法，也應該學會佛法宣導的包容精神。

禪宗有一則公案。

有位將軍向白隱禪師問道：「真的有天堂和地獄嗎？」

禪師反問：「你是做什麼的？」

「我是一個大將軍。」

白隱禪師大喝一聲：「是誰有眼無珠請你當將軍？你看來倒像是個屠夫！」

將軍聞言怒不可遏，拿起腰間的刀做勢要砍向禪師。

禪師即說：「地獄之門由此開。」

將軍驚覺自己失態，即收起嗔怒心，向禪師作禮。

禪師說：「天堂之門由此開。」

現代社會，寬容是必須修煉的一門人脈課。學會寬容，就學會了做人的責任。

「相逢一笑泯恩仇」是寬容的最高境界，能做到的人並不多。但即使如此，我們也不應放棄這種追求。因為忘卻別人的過失，以寬容的心態對人，以寬闊的胸懷回報社會，能夠形成利人利己、有益社會的良性循環。

屠格涅夫曾說：「不會寬容別人的人，不配受到別人的寬容。」所以，如果你能寬容別人，那麼在自己有過失或錯誤的時候，也往往能得到他人的寬容。

「雖然我不同意你的觀點，但我誓死捍衛你說話的權利。」這是法國啟蒙思想家伏爾泰的一句名言，體現了對「異見」的胸懷，是一種高層次的包容。

其次，要做到合作和良性競爭，寬容是最基本的要求。

人和人對事物的理解總會有些不同，所以我們一定會遇到不同意見。如果不能寬容地對待別人的異議，我們將寸步難行；相反，如果能夠相互尊重、相互包容、求同存異、真誠相對，就能擁有良好的人際關係。

有個人經常與人發生口角。後來，他向一位大師請教：「我總是容易和別人發生矛盾，因為他們總是拿出一些我不能接受的意見，您說我該怎麼辦？」

大師想了一會兒，說：「你說水是什麼形狀？」

此人搖頭說：「水哪有形狀？」

大師問：「我把水倒進杯子裡，水難道還沒有形狀嗎？」

這人似有所悟，說：「我知道了，水的形狀像杯子。」

大師又說：「如果我把水倒進花瓶呢？」

這人很快又說：「哦，水的形狀像花瓶。」

大師搖頭，又把水倒入一個裝滿泥土的盆中，水很快就滲入土中，消失不見了。

這時，大師感慨地說：「看，水就這麼消失了，這就是人的一生。」

那個人沉思良久，忽然站起來，露出微笑高興地說：「我知道了，您是想藉此告訴我，我們身邊的人就是不同的容器，想與他們相處得好，就要把自己變成可以倒入各種容器中的水，是不是這個意思？」

大師微笑著說：「你現在已經有所得，但還不完全正確。」看著重新陷入迷思的信徒，大師接著說：「水井裡的水，河裡的水，海裡的水，雖然有不同的形態，可它們都是水。」

這個人恍然大悟：「人其實也應該像水一樣，能夠順應和包容外界的變化，但永遠不改自己的本色。」

大師笑著點了點頭。

對於別人的不同意見，我們應該像水一樣去包容、改變。水之所以能在不同的環境中存在，就是因為水「不較真」。它沒有自己的形狀，卻從來不改變自己的本質。道家也非常推崇水的意義，說「水善利萬物而不爭」，其實也是在讚嘆水的寬容。

包容的力量是巨大的。批評會讓人不服，謾罵會讓人厭惡，羞辱會讓人惱火，威脅會讓人憤怒，唯有寬容讓人無法躲避、無法退卻、無法阻擋、無法反抗。

2 慈悲為懷，與人為善

佛說：信佛，學佛，不是為自己，乃是為了一切苦海中的眾生。

星雲大師在談到他對佛的理解時曾說：「最壞的人，也曾做過許多好事，而且不會永遠壞；好人也曾做過許多壞事，將來也不一定會好。如此我們反覆思索，所謂的冤親、賢愚，這許多差別的概念，自然就會漸漸淡了。這絕對不是混沌，也不是不知好壞，而是要將我們有始以來的偏私差別之見，以一視同仁的平等觀念罷了！」

佛曰：放下屠刀，可以立地成佛。善惡只在一念之間。從本性上看，每個人都是一樣的！

佛家典籍《寶鬘論》說：「每日三時施，三百罐飲食，然不及須臾，修慈福一分。天人皆慈愛，彼等恆守護，喜樂多安樂，毒刀不能害。」

有一位得道的禪師在外雲遊。

一天，他在山上林下打坐，忽然一隻受傷的野兔逃到禪師座前，禪師便以衣袖掩護這隻死裡逃生的小生命。

不一會兒，一個壯士氣喘吁吁地跑來向禪師索討野兔：「請將我射中的野兔還給我！」

禪師帶著耐性，慈悲地開導那個壯士：「牠也是一條生命，放過牠吧！」

壯士生氣地說：「要知道那隻野兔可以當我的一盤菜哩！」

無論禪師怎樣勸解，壯士始終不依不饒地和他糾纏。

禪師沒有辦法，拿起身旁的戒刀，把自己的耳朵割下來，送給貪婪的壯士，並且說：「這兩隻耳朵，夠不夠抵你的野兔？你可以拿去做一盤菜了。」

壯士嚇了一大跳，終於覺悟到殺害生靈是件殘忍的事。

玄素是唐代的一個得道高僧。

一天，一個惡貫滿盈的屠夫心血來潮，效仿別人要供請玄素。人們都認為玄素肯定不會去，但玄素毫不猶豫地就去了。人們對此很不解，向他詢問緣由。玄素回答說：「佛性平等，賢愚一致，可度者，我即度之，有何差別。」

「心懷天下蒼生，時時克制世間名、利、情的襲擾，用堅韌不拔的毅力勤奮精進，追求真理，修得的無窮智慧以慈悲善良的胸懷普度眾生，引導大家脫離人生為名利無休止爭鬥的苦海……」這就是佛的境界。

「學佛修行之可貴，在於常湧慈悲心，視萬物與我一體，同體大慈力，同懷大悲心，即使在境界現前時，亦能超脫凡情、俗念，拂逆困厄，而不變道心。」如果人人都有一顆慈悲心，這個世界會越來越溫暖，處處充滿愛和友善。我們應該有一顆慈悲為懷、與人為善的佛心。

3 不念舊「惡」，感化他人

星雲大師認為，不念舊惡，既是包容別人，也是感化他人。如果每個人都可以做到這樣，這個世界就會多出幾分仁愛，而少去許多的怨恨。

漢末三國的宛城之戰中，張繡投降於曹操後，又趁曹操不備之時伺機發難，殺了曹操的長子曹昂、侄子曹安民和愛將典韋，就連曹操自己的左臂也被張繡的士兵亂箭所射傷，險些死在亂軍之中。這可算是曹操戎馬生涯中少有的幾次險境之一，兩人間的仇怨不可謂不深。

後來，張繡為躲避袁紹的報復，再次向曹操投降時，曹操仍非常熱情地迎接他。

曹操的一個部下進言道：「張繡與您有大仇，為什麼不殺了他呢？」

曹操卻說：「張繡當初之所以能給我損子折將，那是因為他有本事，是個人才。」

曹操不僅既往不咎，未報殺子之仇，還與張繡結成了兒女親家，並封張繡為揚武將軍。

劉備、孫權、曹操，漢末三國的三位君主中，曹操是被人詬病最多的，但魏國卻比蜀吳兩國更強大，這當中曹操不念舊惡的品格無疑幫了他大忙。事實證明，曹操是正確的，後來張繡在官渡之戰中立下戰功，為曹操統一北方奠定了基礎。

人與人間，許多情況下，人們誤以為「惡」的，未必就真的是「惡」。退一步說，即使是「惡」，只要對方心存歉意，誠惶誠恐，你不念惡，禮義相待，進而對他表示格外的親近，也會使為「惡」者感念你的「誠」，改「惡」從善。

唐朝的李靖曾任隋煬帝時的郡丞，最早發現李淵有圖謀天下之意，便向隋煬帝檢舉揭發。李淵滅隋後要殺李靖，李世民反對報復，再三請求保他一命。後來，李靖馳騁疆場，征戰不疲，安邦定國，為唐王朝立下了赫赫戰功。

魏徵也曾鼓動太子建成殺掉李世民，李世民登基後，同樣不計舊怨，量才重用，使魏徵覺得「喜逢知己之主，竭其力用」，為唐朝立下豐功。

宋代的王安石對蘇東坡的態度，也是有那麼一點「惡」行。王安石當宰相時，因為蘇東坡與他政見不同，便藉故將蘇東坡降職減薪，貶官到黃州，然而，蘇東坡胸懷大度，他根本不把這事放在心上，更不念舊惡。王安石從宰相位子上垮臺後，兩人的關係反倒好了起來。蘇東坡不斷寫信給隱居金陵的王安石，或共敘友情，互相勉勵，或討論學問，十分投機。二人一掃嫌隙，成了知心好友。

子曰：「伯夷、叔齊不念舊惡，怨是用希。」

孔子說：「伯夷、叔齊兩個人從來不記別人過去的罪惡，別人對他們的怨恨自然也就少了。」孔子一向都非常讚揚他們的高尚品格，對他們這種不念舊惡的博大胸懷更是倍加推崇。

相傳唐朝宰相陸贄，有職有權時，曾偏聽偏信，認為太常博士李吉甫結夥營私，便把他貶到明州做長史。不久，陸贄被罷相，被貶到明州附近的忠州當別駕。後任的宰相知道李、陸有私怨，便玩弄權術，特意提拔李吉甫為忠州刺史，讓他去當陸贄的頂頭上司，意在借刀殺人。不想李吉甫不記舊怨，上任伊始，便特意與陸贄飲酒結歡，使那位宰相的借刀殺人之計成了泡影。對此陸贄深受感動，於是協助李吉甫把忠州治理得一天比一天好。

古往今來，不計前嫌、化敵為友的佳話舉不勝舉。以古為鑑，可以讓我們明白事理，明辨是非，我們應該有良好的氣度，不責難別人微小的過錯，不揭發別人的隱私，不銘記別人過去的錯誤。

這三種做法可以培養一個人的品德，也可以使人遠離危害。

4 和「不喜歡」自己的人友好相處

我們每天免不了要與形形色色的人打交道，這些人中，難免會有不喜歡你的人。如果你與他們個個都要較真，一天不知道要得罪多少人，也不知道要生多少氣。

別人不喜歡你，你也不喜歡他，這樣他就不存在了嗎？將厭惡寫在臉上，或者與其針鋒相對，只能說明你氣量狹小。能容得下不喜歡你的人，並與之和睦相處，體現的不只是一個人的修養，更是氣度和胸懷。

被後世譽為「全世界最偉大的礦產工程師」的哈蒙，從耶魯大學畢業後，又在德國弗來堡攻讀了三年。

畢業後，哈蒙向美國西部礦業主哈斯托求職時，脾氣執拗、不信任專講理論的哈斯托說：「我不喜歡你的理由，是因為你在弗來堡做過研究，我想你的腦子裡一定裝滿了一大堆傻子一樣的理論，因此，我不打算聘用你。」

這時，哈蒙沒有為此生氣，反而對哈斯托說道：「如果你不告訴我的父親，我將告訴你實情。其實在弗來堡時，我只顧著工作，想多賺點錢以及多積累點實際經驗罷了。」

聽完哈蒙的回答，哈斯托哈哈大笑說：「好！我就需要你這樣的人。」

學會和不喜歡你的人相處，並沒有想像中那麼難，摒除自己的偏見是最關鍵的。不喜歡某些人並不代表一定要討厭對方，只要我們能主動一點改變對方的態度，就能將可能形成的敵對局面變成一片和諧。

第一，要增加接觸的機會，多接觸有助於改善關係。

第二，不要來硬的，要投其所好改善關係。

第三，主動活躍氣氛，多講講笑話，讓大家一起樂一樂。

第四，保持適當的距離，不要因為對方不喜歡你而表現出不滿。

第五，在關係僵持或惡化的時候，要主動表示友好，不要覺得難為情。

第六，包容和忍讓是最重要的。哪怕你善待對方，對方還是對你不好，仍舊要繼續保持與對方友好的態度；只要心存善念，不斷地付出，對方一定會轉變。

一個真正智慧的人，在對待不喜歡自己的人時也會示以尊重，笑臉相迎，與之友好相處。這是氣度，更是胸襟。

5 佛說原來怨是親

「佛說原來怨是親。」關於這句話，星雲大師這樣解釋：「縱使別人怨恨我們，我們都要拿他當自己的親人，都要感謝他。為什麼呢？因為沒有他人製造的『磨難』，我們的心就無從提高。」

一位老人為了讓兒子們多些人生歷練，便對他三個兒子說：「你們出門去，三個月後回來，把旅途中最得意的一件事告訴我。我要看你們中哪一個所做的事最讓人敬佩。」

三個兒子就動身出發了。

三個月後，他們回來了，老人問他們所做的最得意的事。

長子說：「有個人把一袋珠寶存放在我這裡，他並不知道有多少顆寶石，假如我拿幾個，他也不知道；後來他向我要時，我原封不動地歸還給他。」

老人聽了說：「這是你應該做的，若是你暗中拿幾顆，豈不變成了卑鄙的人？」

長子聽了，覺得這話不錯，便退了下去。

次子接著說：「有一天我看見一個小孩落入水裡，我把他救出來，他的家人要送我厚禮，我沒有接受。」

老人說：「這也是你應該做的事，如果你見死不救，心裡怎能無愧？」次子聽了，也沒話說。

最小的兒子說：「有一天我看見一個病人昏倒在危險的山路上，一個翻身就可能摔死，我走上前看，竟然是我的宿敵，我要制他於死地可說是不費吹灰之力，但是我不願意暗地裡害他，於是把他叫醒，並將他送回家。」

老人讚賞地說：「你的兩個哥哥做的都是符合良心的事，不過你是以德報怨，彰顯出良心的光芒，實在難得。」

做該做的事，僅僅是不昧良心，但做到原來不易做到的事，卻能顯出心胸的寬廣仁厚。常人要想成就一番事業，都得經過九九八十一難，更何況我們追求的心靈修行？你若能悟，就能把加害、誹謗你的人當作親人。學會寬恕別人的過錯，就是學會善待自己。仇恨只能永遠讓你的心靈生活在黑暗之中；寬恕卻能讓你的心靈獲得自由，獲得解放。

佛經中有句話說：「佛印的心寬遍法界，即心即佛。」這句話是要僧眾懂得寬恕，這樣才能具有佛心，求得佛果。

名叫卡爾的賣磚商人，由於對手的競爭而正陷入困難。對方在他的經銷區域內散播謠言，告訴建築師與承包商，說卡爾的公司不可靠，他的磚塊不好，生意因此面臨即將歇業的境地。卡爾對別人說，這使他心中生出無名之火，真想「用一塊磚來敲碎那人肥胖的腦袋作為發洩」。

「有一個星期天的早晨，」卡爾說，「牧師講道的主題是：要施恩給那些故意讓你為難的人。我把每一個字都記下來了。就在上個星期五，我的競爭者使我失去了一份廿五萬元的訂單。

但是牧師卻教我們要以德報怨，化敵為友。當天下午，我發現我的一位顧客在蓋一間辦公大樓而需要一批磚，而他所指定的型號不是我們公司製造的，卻與我競爭對手出售的產品很類似。我掙扎許久，終於拿起電話撥到競爭對手家裡，告訴他有關維吉尼亞州的那筆生意。」

卡爾說：「我得到了驚人的結果，他不但停止散佈有關我的謊言，甚至還把他無法處理的一些生意轉給我做。」

以德報怨，化敵為友，這才是你應該對那些整日想要讓你難堪的人所能採取的上上策。

當你選擇寬恕別人過錯時，便獲得了一定的自由，因為你已經放下了責怪和怨恨的包袱，無論是面對朋友還是仇人，都能夠報以甜美的微笑。

佛法中常講究緣分，在眾生當中，兩個人能夠相遇相識，那便是緣分。如果你因為整天想著如何去報復對方而心事重重，倒不如放下仇恨，寬恕對方，或許你會因此多一個可以談心的好朋友。

以德報怨，充滿愛的精神，我們才能找到心靈的家園。

6 讓你贏，我也沒有輸

星雲大師認為，爭論是世界上最大的「空耗」。

他說：「你要贏，就讓你贏好了，反正我也沒有輸啊！」

小和尚來到山下的河邊挑水，一個人忽然走上前來，問：

「小和尚，我問你個問題，可以嗎？」

「當然可以。」

那人問：「你知道一年有幾季嗎？」

小和尚以為他會問什麼高深的問題，沒想到這麼簡單，就脫口而出：「四季！」

「不對！三季！」

「誰都知道一年有四季，春夏秋冬，一季三個月。你說三季，這三季叫什麼？」小和尚有點兒不悅地說。

「三季叫早季、中季、晚季，一季有四個月。」那人非常武斷地說。

「四季！」

「三季！」

小和尚和那個人爭得臉紅脖子粗，誰也不讓誰。

後來，那個人提議說：「這樣吧，咱們問你的師父，他要是說一年四季，算我輸，我給你磕三個頭；他要是說一年三季，你輸，你給我磕三個頭。怎麼樣？」

「行。走吧。」小和尚自信地說。

於是，他們來到覺慧師父的面前，說明來意。

覺慧師父看了看那個人，微笑著說：「是你對了，一年只有三季。」

小和尚聽得目瞪口呆，用懷疑的目光看著師父。

覺慧師父對小和尚說：「快給他磕三個頭吧。」因為事先有約，小和尚不得不給他磕了三個頭。
那個人得意地下山了，小和尚不解地問師父：「師父，一年明明是四季，你怎麼說三季？」
覺慧師父說：「你看他那個樣子，我要是說四季，他會那麼得意地下山嗎？跟這種人較真，你就是贏了，也是輸了。」
小和尚回到房裡，越想越氣，不想在再待下去了，於是收拾行李下山。
覺慧師父知道後，不以為然地說：「讓他去吧，過幾天他想通了就會回來了，善哉善哉。」
幾天後，小和尚在鬧市中看到兩個人大打出手，其中一個就是在前幾天問他一年有幾季的那個人，兩個人都打得頭破血流，傷得不輕。
小和尚問旁邊的人他們為何打架，旁人告訴他兩人因為一年有幾季的問題爭吵不休，後來就打了起來。見此，小和尚心想：還是師父高明，不然我也會和他打起來。小和尚便默默離開了，決定回去繼續修行。

因一時的勝利得到的快感維持不了多久。相反，如果對方在爭辯中輸了，必然會覺得自尊心受損，日後找到機會必然又是報復，這樣很容易形成惡性循環，給你的生活帶來無數麻煩。

仙崖禪師外出弘法，在路上，遇到一對正在吵架的夫婦。

妻子說：「你算什麼丈夫，一點出息都沒有，你還像個男人嗎？一天到晚只知道遊手好閒，一分錢都掙不回家！」

丈夫說：「你這個臭婆娘，再罵句試試，看我不揍死你！」

妻子怒不可遏，破口大罵：「我就罵你，你不像個男人！」

兩人互不相讓，吵得不可開交。

仙崖禪師於是停下了腳步，扯著嗓子，對過路行人大喊：「大家快來看呀，這邊有好戲看嘍！看耍猴子的，要買門票；現在這邊有人在鬥人，既好玩又不要門票，千萬不要錯過，大家快快來看呀！」

夫妻倆正吵得熱火朝天，眼裡都是仇視的火焰，誰也沒有停下來的意思，更沒有理會旁人在說風涼話。
丈夫找不到合適的話回擊妻子，就惡狠狠地說：「臭婆娘，你再耍潑，我就殺了你！」
妻子氣勢洶洶地說：「你殺啊！我就說你不是個男人！」
看到這裡，仙崖禪師哈哈大笑說：「太有意思了，好戲就要開始了，馬上有人要殺人啦，大家快來看啊！」
旁邊一個過路人看不過去，對仙崖禪師說：「我說你一個和尚，大喊大叫什麼呢？人家夫妻吵架，關你什麼事，你還在一邊添油加醋的！」
仙崖禪師正色說：「怎麼不關我的事啊？你沒聽到他要殺人了嗎？有人被殺死了，就要請我們和尚念經，找我念經，不就有紅包拿了嗎？」
過路人憤憤地說：「你這個和尚好生惡毒！為了能拿到紅包就希望別人去殺人！」
仙崖禪師說：「既然大家不希望死人，那好，大家都聽我說，聽我來說說禪理。」

那邊吵架的夫婦也被禪師的一席話吸引了，停止了爭吵，聚攏過來，想看看仙崖禪師和過路人在爭論什麼。看見那對夫妻聚攏來，禪師表現得很意外，說：「哎，你們怎麼不吵了呢？我們還想看熱鬧呢！」夫妻倆本來沒有大仇，聽到禪師的話，意識到彼此的失態，臉上都露出愧疚的神色。

想在爭論中取勝，最好的方法就是避開爭論。發生矛盾或遇到不順心的事，生氣是沒有用的，發火更是不該，想想怎麼解決矛盾才是當務之急。當被別人諷刺、嘲笑時，如果生氣，反唇相譏，只會引起雙方爭執，傷感情；如果用沉默為武器以示抗議，或只用寥寥數語正面表達自己受到的傷害，對方反而會因此感到尷尬而自動偃旗息鼓。

7 認真，但不「較真」

做人、處世認真有必要嗎？星雲大師說：答案是肯定的。但是，認真不能較真，認真也要看在什麼時候、什麼事情上，有很多時候是認不得「真」的，若在該糊塗的時候還堅持認真，那只會給自己帶來無盡的煩惱。

有師徒二人出遊，來到一個地方感覺腹中饑餓。

師父對徒弟說：「前面有一家飯館，你去討點飯來。」

徒弟領命到了飯館，說明來意。

那飯館的主人說：「要吃飯可以，不過我有個要求。」

徒弟忙問：「什麼要求？」

主人答道：「我寫一字，你若認識，我就請你們師徒吃飯，若不認識，就亂棍打出去。」

徒弟道：「我雖不才，可也跟隨師父多年，別說一字，就是一篇文章又有何難？」

主人笑道：「先別誇口，認完再說吧。」說罷，便拿筆寫了一個「真」字。

徒弟哈哈大笑說：「主人家，你也太欺我無能了，我以為是什麼難認的字，此字我五歲就認識。」

主人微笑著問：「此為何字？」

徒弟回答說：「不就是認真的『真』字嗎？」

店主冷笑一聲：「哼，無知之徒。」

徒弟無奈，只好空著手回去見師父，說了經過。

師父微微一笑：「看來他是要為師親自前去。」說罷，師父便來到店前說明來意，店主照樣寫下「真」字。

師父答曰：「此字念『直八』。」

店主笑道：「果然是大師來到，請！」便免費招待了師徒。

離開後，徒弟不解地問道：「師父，你不是教我們那個字念『真』嗎？什麼時候變成『直八』了？」

師父微微一笑：「有時候，是認不得『真』啊」。

人生禍福相倚，變化無常。少年氣盛時，凡事斤斤計較，錙銖必究，這還情有可原；隨著年事漸長，閱歷漸廣，涵養漸深，凡事就應該看淡些，不必太認真，順其自然最好。

難得糊塗是使心理免遭侵蝕的保護膜，在一些非原則性的事情上糊塗一些，能夠提高心理承受能力，避免不必要的精神痛苦。

想要真正做到不較真、能容人，不是件簡單的事。首先需要有良好的修養和善解人意的思維，要從對方的角度設身處地考慮，多一些體諒和理解，這樣就會多一些寬容。

8 浮生若夢，何須計較

高僧寒山大師對人生有獨特的看法，他說：「昨夜得一夢，夢中一團空；朝來擬說夢，舉頭又見空；為當空是夢，為復夢是空；相計浮生裡，還同一夢中。」

星雲大師是這樣看待寒山的觀點：「我們並不是提倡『人生如夢』的消極色彩，但是，既然很多人都說人生如夢，也就代表著夢裡的一切都是虛幻的，那麼，為什麼還有很多人要苦苦追求，斤斤計較呢？」

唐朝開元年間有位夢窗禪師，德高望重，後來還成了國師。

有一次，他搭船渡河，渡船剛要離開河岸，遠處來了一位騎馬佩刀的將軍，大聲喊道：「等一等，等一等，載我過去。」

船上的人紛紛說道：「船已經開了，不能回頭了，讓他等下一趟吧。」

船夫也喊道：「請等下一趟吧。」

將軍非常失望，急得在岸邊團團轉。

這時，坐在船頭的夢窗禪師對船夫說道：「船家，船離岸沒有多遠，你就行個方便，掉過船頭載他過河吧。」

船家一看，是位氣度不凡的出家師父開口求情，就把船開了回去，讓那位將軍上了船。

將軍上船後，四處尋找座位，無奈座位已滿。

這時，他看到坐在船頭的夢窗禪師，於是拿起鞭子就打，嘴裡還粗野地罵道：「老和尚，快走開，沒看見本大爺上船了嗎？快把座位讓給我。」

這一鞭子正好打在夢窗禪師的頭上，鮮血順著他的臉頰流了下來，禪師一言不發，把座位讓給了那位將軍。

看到這一切，大家心裡既害怕將軍的蠻橫，又為禪師抱不平，紛紛竊竊私語。從大家的議論聲中，將軍明白了一切，心裡非常慚愧，懊惱不已，但又不好意思認錯。

不一會兒，船到了對岸，大家都下了船，夢窗禪師默默地走到水邊，洗掉了臉上的血污。此時，那位將軍再也忍受不住，走上前跪在禪師面前懺悔道：「禪師，我真對不起您。」

誰知夢窗禪師不僅沒有生氣，反而心平氣和地說：「不要緊，出門在外，難免心情不好。」

古人說：「人非聖賢，孰能無過；過而能改，善莫大焉。」對於犯錯有意悔過的人，我們不應太過苛責，給他一個改過自新的機會，也不失為一件善事。生命的旅程就像一場夢，榮耀、光輝、金錢、地位等所有的一切都將煙消雲散，我們能確確實實享受的、把握的，唯有自己的心情。吃了虧，遭了難，愁眉苦臉沒有絲毫用處，大發雷霆也無濟於事，最好的辦法就是淡然一笑，不去計較。

佛說：「不懷恨，不怨尤，就會少煩少惱；不計較，不比較，必然多助多緣。」學會不計較，我們的生活將會輕鬆許多。

二修

第二章

彼此不比較，欲少方憂少

佛陀所說的斷掉各種貪欲，並非是說讓人變得無情無欲，
而是說要消除人的不合理的、過分的、有礙身心健康的欲望，
從而完善人生，使人生更加幸福。

——星雲大師

1 貪字頭上一把刀

星雲大師認為，貪欲會把人帶向罪惡的深淵，讓人失去理智。它可以使人相互摧殘，使最好的朋友反目成仇。

貪字頭上一把刀，人的內心一旦被貪欲所吞噬，必將被其毒害。

有一天傍晚，兩個非常要好的朋友在林中散步。

這時，有位僧人從林中驚慌失措地跑了出來。

兩人見狀，便拉住那個僧人問道：「你為什麼如此驚慌，發生了什麼事？」

僧人忐忑不安地說：「我正在移植一棵小樹，發現了一罈黃金。」

兩人心想：這僧人真蠢，挖出黃金還被嚇得魂不附體，真是太好笑了。

一個人便問道：「你是在哪裡發現的，告訴我們吧，我們不害怕。」

僧人告訴他們埋藏黃金的地點，兩人跑進樹林，果然找到了黃金。

其中一個人說：「我們要是現在把黃金運回去，不太安全，還是等天黑再往回運吧。這樣，我留在這裡看著，你先回去拿點飯菜來，我們在這裡吃完飯，等半夜時再把黃金運回去。」

於是，另一個人就取飯菜去了。

留下的人心想：「要是這些黃金都歸我，那該多好呀！等他回來，我就一棒子把他打死，到時這些黃金就全是我的了！」

回去的那個人也在想：「我回去先吃飯，然後在他的飯裡下毒，他一死，黃金不就都歸我了嗎？」

回去的人提著飯菜剛到樹林，就被另一個人從背後用木棒狠狠地打了一下，當場斃命。

然後那個人拿起飯菜狼吞虎嚥地吃了起來。

沒過多久，肚子就像火燒一樣疼，這才明白自己中了毒。

星雲大師說：佛家所謂的貪念，就是很希望得到，得到了就不想失去。而貪念的對象無足輕重，貪圖錢財和貪圖精神的享受，一樣是貪；貪圖男歡女愛和貪圖參禪打坐，一樣是貪；貪圖名利和貪圖清譽，一樣是貪。

比如，沒有人不喜歡聽讚美的語言，沒有人不願意看到微笑的眼神，沒有人喜歡失去最好的朋友，沒有人願意被人拋棄，沒有人渴望失去親人的愛。因為這些喜歡或者不喜歡，我們的頭腦開始分秒不停地工作，它把所有收集到的資訊進行瞬間篩選、整理、判斷，每一次得出的結論都擾亂了我們的心，讓我們不斷產生高興、悲傷、幸福、痛苦等各種情緒。

我們每天遊蕩在這許多種情緒中，遇到結果如意的，我們就很開心；假如遇到相反的結果，就完全失了分寸，整個心空蕩蕩的，看什麼都不順眼，做什麼都不踏實；甚至委屈，有些人甚至走上憂鬱和輕生的道路。

這都是貪念導致的。貪圖一切我們身邊的舒適，貪圖一切我們習以為常的生活模式，貪圖一切我們喜愛的東西，貪圖一切我們不捨放棄的情感。

假若不貪，會是什麼情況？我們照吃、照睡、照玩，絲毫不掛礙，僅僅是享受那個片刻，猶如雲飄過天空，雲來，雲住，雲走，雲去，隨它！

2 無財是一種福氣

星雲大師說，佛陀所說的斷掉各種貪欲，並非是說讓人變得無情無欲，而是要消除人的不合理的、過分的、有礙身心健康的欲望，從而完善人生，使人生更加幸福。從這個角度出發，無財就是一種福氣，能很好利用財富的人同樣享有這種福氣。

一位老居士的家中生了一個男孩，男孩長得十分俊俏，父母非常疼愛。這孩子從小就聰明異常，和一般的小孩子完全不同，在無憂無慮中快樂地度過了黃金般的童年。

這個孩子有著高人一等的智慧，雖然他生長於安逸的環境中，但仍能瞭解人生的痛苦和罪惡。

因此男孩在成年以後，決定辭親出家當了比丘。

有一次，在教化回來的路上，他在森林裡遇到了一隊商人。當時已是傍晚，商人們決定在森林裡紮營。

比丘看到這些商人的車輛裡載著大量的貨物，便在離商隊營帳不遠的地方徘徊踱步。

這時，從森林的另一端來了很多山賊。他們打聽到有商隊經過，就想乘夜幕降臨以後劫掠財物。

但當他們靠近商營的時候，卻發現有人在營外漫步。

山賊怕商隊早有準備，所以想等大家都睡熟後才好動手行搶，然而營外巡邏的那個人卻也通宵不入營休息。

後來，等到天亮了，山賊見無機可乘，只得氣憤地大罵而走。

正在睡覺的商人們聽到外面的吵鬧聲跑出來看，只見一大隊山賊手執鐵錘木棍往山上而去，營外有一位出家人站在那兒，驚恐地走向前去問道：「大師，您見到山賊了嗎？」

「是的，我早就看到了，他們昨晚就來了。」比丘回答說。

「大師！那麼多山賊，您怎麼不怕？獨自一個人怎能敵得過他們呢？」

比丘說道：「見山賊而害怕的是有錢人。我是個出家人，身無分文，怕什麼？賊所要的是錢財寶貝，我既然沒有一樣值錢的東西，無論在深山或茂林裡都不會起恐懼心。」

因為貧窮，人才無恐懼心；因為貧窮，人才有上進心。艱難困苦是人生的一筆財富，它可以化無形為有形，並告誡你時刻保持冷靜、清醒，正確對待有形的財富。

能安於貧賤的人是有福之人，因為他們心裡無財富的掛念，活得瀟灑；而能在富貴中保持清心寡欲的，更是有福之人，因為他們心裡、眼裡都無財富的掛礙，所以活得幸福。

人們很容易被金錢迷惑雙眼，在歡樂的日子裡想不到痛苦的一面，唯有超卓的人才不至於被金錢迷惑。

3 擁有是富者，「用有」才是智者

星雲大師告誡說：凡事不要向錢看，比金錢寶貴的東西有很多，慈悲、道德、智慧、和諧、歡喜、關懷、情義等，才是取用不盡的財富。人的一生，要為自己賺到什麼東西？什麼東西不怕海枯石爛，不怕滄海桑田，可以結伴我們終老，遠離啼哭悲惱？

有一次，佛陀在法會上給弟子們講了個故事：

從前有個非常富有的商人，娶了四個老婆。

第一個老婆美麗可愛，具有迷人的身姿，整天如影隨形，陪伴在他的身邊。

第二個老婆是他從外地搶來的，同樣分外靚麗，讓人心動。

第三個老婆，是個賢妻良母，整日忙碌，把他的生活打理得井井有條，讓他衣食無憂。

第四個老婆是她們中最忙的，但商人卻不知道她整天在忙些什麼，他對她既不關心，也不過問，漸漸地也就忘記了她的存在。

有一天，商人打算出遠門做一筆生意，旅途漫長而又十分辛苦，因此要選擇其中一個老婆陪伴自己。於是，他把四個老婆一起叫到面前，問她們誰願意去。

第一個老婆說：「我才不願陪你呢，你自己去好了！」

第二個老婆說：「我本來就不屬於你，是你硬把我搶來的，我更不會陪你去！」

第三個老婆說：「旅途那麼漫長，一路風塵，我可沒把握陪你到底，頂多送你一程！」

第四個老婆說：「無論你走到哪裡，我都會跟著你，忠誠於你，聽憑你的呼喚，因為你是我的主人！」

商人無限感慨：「唉！關鍵時刻還是第四個老婆對我好。」於是，他帶著第四個老婆開始了他的漫長旅途。

講完故事，佛陀問座下弟子：「你們聽懂了嗎？這四個老婆就是人生的四個方面：

第一個老婆是指人的肉體，人死後，肉體要與自己分開。

第二個老婆是指財產，許多人為了金錢財產辛苦一輩子，死後卻不能將它們帶走，只能帶著遺憾離開人世。

第三個老婆是指現實中的妻子、親人和朋友，雖然親人朋友情深義重，但死後還是要分開，也無法求得永世相伴。

第四個老婆是指人的自性，也就是你的心靈和天性，你可以不在乎它，但是它會永遠在乎你，永遠忠誠於你，無論你是貧窮還是富貴，快樂還是痛苦，它都與你永不分離。」

是的，身體是本錢，固然重要；財產是基礎，亦不可缺；親人和朋友是伴侶，少了會寂寞；但最重要的還是自己，自己的心靈和天性，把它塑造和培養好，我們才能一生受用不盡。儒家思想也有「無欲則剛」「人到無求品自高」的說法，意思也差不多。

星雲大師在談財富時，說了一個故事：

有一個人存了許多黃金磚塊，藏在家裡的地底下，一藏就藏了三十多年。這三十年中，他雖然沒用過，但只要偶爾去看一看，心裡就十分歡喜。

有一天，這些金磚給人偷去了，他傷心得死去活來。旁邊有人問他說：「你這些金磚藏在那邊幾十年了，有沒有用過它呢？」

他難過地說：「沒有。」

那個人就說：「你既然沒有用過，那不要緊，我去拿幾塊磚頭，用紙包起來，藏在同一個地方，你可以常常去看，把它當作金磚藏在那裡，這不是一樣嗎？又何必這麼傷心呢？」

星雲大師指出，一生中能賺到幾千萬的人並不多，但我們能從工作中賺到歡喜，賺到尊重；從人我相處中，賺到禮貌，賺到關懷；從信仰中賺到心安，賺到慈悲。這些心內的「法財」勝過銀行的利息和紅利。

他進一步在《處世》中解釋說：人生在世，錢雖然很重要，卻不是絕對萬能的，因為除了金錢以外，還有許多對人生更有意義、更值得追求的東西。

佛家所謂「心包太虛，量周沙界」，所謂「擁有」，有是有限，有量；所謂「空無」，無是無窮，無盡。如能以「用有」的胸懷來順應真理，以「用有」的財富順應人間，讓因緣有、共同有來取代私有的狹隘，讓惜福有、感恩有來消除佔有的偏執。所謂「擁有，是富者；用有，才是智者」，富而加智，豈不善矣？

4 多一物多一心，少一物少一念

星雲大師認為：「身上事少自然苦少，口中言少自然禍少，腹中食少自然病少，心中欲少自然憂少。」想過自在逍遙的幸福生活，就要放下物欲和名利。

拉爾夫是一位著名的登山家，他曾經在沒有攜帶氧氣設備的情況下，成功地征服了多座高山峻嶺，其中還包括世界第二高峰——喬戈里峰。

許多登山高手都以不帶氧氣瓶而能登上喬戈里峰為第一目標。但是，很多登山好手來到海拔六千五百米處時就無法繼續前進了，因為這裡的空氣非常稀薄，令人感到窒息。然而，拉爾夫卻突破障礙做到了，他在事後舉行的記者會上說出了這段歷險的過程。

拉爾夫說，在突破海拔六千五百米的登山過程中，最大的障礙是心裡各種翻騰的欲念。

在攀爬的過程中，任何一個小小的雜念都會讓人鬆懈意念，渴望呼吸氧氣，慢慢地讓人失去衝勁與動力，最終讓人放棄征服的意志。

拉爾夫說：「想要登上峰頂，首先，你必須學會清除雜念，腦子裡雜念愈少，你的需氧量就愈少；你的欲念愈多，你對氧氣的需求便會愈多。所以，在空氣極度稀薄的情況下，想要登上峰頂，就必須排除一切欲望和雜念！」

生活中，我們又有多少人能做到像拉爾夫這樣呢？一批又一批人前仆後繼地把自己綁上欲望的戰車，縱然氣喘吁吁也不得歇腳。不斷膨脹的物欲、工作、人際、家務計畫佔據了現代人全部的空間和時間，每天忙著應付這些事，幾乎連吃飯、喝水、睡覺的時間都沒有。

其實，人生很多的無奈和痛苦，都來源於對外物的追求和執著。一個人如果終日汲汲於富貴，切切名祿，桎梏於外物，最後終將會不堪重負，心力交瘁。不如放下，給生命一份從容，給自己一片坦然。

莊子在《逍遙遊》表達的「神人無己，聖人無功，至人無名」正是最好的總結。

5 別讓攀比毀了你的幸福

星雲大師認為，那些整天過得悶悶不樂，對自己的處境感到不滿的人，並不一定是因為自己的處境有多麼悲慘，而是因為他們將自己的生活狀況拿去和別人攀比，看到生活得比自己好的朋友、同事、同學等，就覺得別人比自己更幸運、更幸福。自己無形中好像成了最不幸的人。這樣一來，還怎麼能夠活得開心、過得幸福呢？

俗話說：人比人，氣死人。如果兩個人真要攀比，就算兩人都是億萬富翁，恐怕結果也不會讓自己如意。雖然兩人的財富一樣多，但是生活上總會有差距。如此一來，總拿自己的短處去比別人的長處，豈不是自己跟自己過不去？我們應該保持一顆平常心，不以物喜，不以己悲，在待遇和生活方面不與比自己高的人去攀比。

美國作家亨利・曼肯說：「如果你想幸福，非常簡單，就是與那些不如你的人相比，你的幸福感就會增加。」如果我們對生活現狀不滿意，就想一想過去的艱苦歲月，比一比那些仍然缺吃少穿的人，給自己一點安慰，它會讓你感到幸福和快樂無時不在，無所不在。盲目的攀比，則會毀掉一個人的幸福，讓人痛苦不堪。

一隻烏鴉看到老鷹叼走了一隻綿羊，嘴饞的烏鴉便想：老鷹能抓羊，我為什麼不能呢？老鷹有爪子，我也有，老鷹會飛，我也會。

在這種想法的驅使下，不甘心的烏鴉決定仿效老鷹的樣子：牠盤旋在羊群上空，盯上了羊群中最肥美的那隻羊。

牠貪婪地注視那隻羊，自言自語地說道：「你的身體如此的豐腴，我只好選你做我的晚餐了。」說罷，烏鴉撲向那隻肥羊。

結果烏鴉不僅沒把肥羊帶到天空，牠的爪子反而被羊捲曲的長毛緊緊地纏住了，這隻倒楣的烏鴉脫身無術，不幸被牧羊人逮住，並關進籠子，成了孩子們的玩物。

我們常常覺得自己過得不快樂，那是因為我們追求的不是真正的幸福，而是「比別人幸福」。不要去和別人攀比，幸福不幸福、快樂不快樂只有自己知道，適合你的，就是最好的。此外，還應該注意到，攀比心理主要來源於對他人的嫉妒，人一旦陷入這個漩渦就會難以自拔，久而久之定會損己害人。

不和別人攀比，保持平和心態，是一種修養，也是一種生活的智慧。渴望幸福的人們，幸福就在你們的身上，還和別人攀比什麼呢？據心理學家調查：《富比士》富豪榜上的富翁和生活在紐約地鐵的流浪漢回答感到快樂的比例差不多，人各有命，每個人都有自己的人生軌跡和道路，有的坷坎，有的平坦，怎能要求每個人都能有同樣的終點和目標呢？不同的人生，不同的道路，不同的選擇。路不在好，適合自己走的就是好路。

如果你把確定自己是否幸福的標準建立在與別人的比較中，那麼，你的生活永遠會充斥著不滿足和遺憾。

6 定期修剪自己的欲望

人都希望自己有所得，有所成就，有所收穫。但什麼是最大收穫呢？

星雲大師認為：我們夢寐以求的東西就像鹽巴，生活中少不了它，但是，如果貪得無厭，就品嘗不到應有的美味了。所以，我們要學會修剪自己的欲望，不讓那些不必要的貪念支配自己的生活，這樣才能享受到生活的美好。

每個人都有欲望，都想過美滿幸福的生活，但是，如果把這種欲望變成不正當的欲求，變成無止境的貪婪，我們就會在無形中變成欲望的奴隸。總是對身外之物有著無盡的貪婪，到頭來，幸福、快樂也會對你無比刻薄。

從前有一個乞丐，他經常自言自語地說：「我真想發財呀！如果我發了財，我要讓所有的乞丐都有房子住，吃飽穿暖，絕不做吝嗇鬼。」

終於有一天，神仙對他說：「我聽到了你的祈禱，我給你一個有魔力的錢袋，錢袋裡永遠有一枚金幣，是拿不完的。但是，在你覺得夠了的時候，就必須把錢袋扔掉，才可以開始使用那些金幣。」說完，神仙就不見了。

乞丐驚訝地揉了揉眼睛，以為自己是在做夢，當他發現身邊真的出現一個錢袋，而且裡面的確裝著一枚金幣時，他才確信剛才發生的一切是真實的，於是乞丐不斷地往外拿金幣，他拿了整整一個晚上，金幣已有一大堆。

看著這些錢，這個乞丐心想：這些錢已經夠我用一輩子了。

第二天一早，他拿著這些錢準備到街上買麵包吃，但在他花錢以前，必須扔掉那個錢袋。他捨不得扔掉那件寶貝，於是又繼續從錢袋裡往外拿錢。每次當他想把錢袋扔掉的時候，他就總覺得錢還不夠多。

就這樣，日子一天天過去了，他的金幣越來越多，多到可以買下一個國家，可他總是對自己說：「還是等錢再多一些才好。」

於是，他不吃不喝拼命地拿錢，金幣已經快堆滿一屋子了，但他卻變得又瘦又弱，臉色蠟黃。

他虛弱地說：「我不能把錢袋扔掉，金幣還在源源不斷地出來！」

沒過多久，因為水米未進的緣故，這個已經成了大富翁的乞丐終於死在成堆的金幣裡。

在現實生活中，如這個乞丐一般的人不在少數，他們總是希望擁有得越多越好，爬得越高越好，結果當然是疲累不堪，反而讓自己丟失了更多——健康、親情、友誼，乃至生命。

欲望太多，就成了貪婪。一旦中了貪婪的毒，我們的心就會被索求所佔據，我們的雙眼就會被虛榮所模糊，我們將永遠無法懂得生活的真諦。

7 和「誘惑」保持安全距離

星雲大師說：「我們有時會遇到別人對你甜言蜜語，給你種種好處的情況。甜言蜜語使人十分舒適，而種種好處更使人陶醉。然而，最甜蜜的舉止，也許是最毒的藥物；最大的好處，也許就是最深的陷阱。」

在物欲橫流的今天，面前的誘惑太多了，特別是對有權者來說，可謂「得來全不費工夫」。需要保持清醒頭腦，勇於放棄，如果抓住想要的東西不放，甚至貪得無厭，就會有無盡的壓力和痛苦不安，甚至毀滅自己。

人生總會面臨許多誘惑，它之所以稱為誘惑，是它對人具有巨大的吸引力，動搖人們的意志，使人們做出違背自己意志的選擇。誘惑都是美麗的，它也許是你饑餓時的一塊大蛋糕，也許是大把的鈔票，也許是夢寐以求的職位……

某大公司準備高薪雇用一名司機，經過層層篩選和考試之後，剩下三名技術最優良的競爭者。

主考者問他們：「懸崖邊有塊金子，你們開車去拿，覺得能距離懸崖多近而不至於掉落呢？」

「兩公尺。」第一位說。

「半公尺。」第二位很有把握地說。

「我會儘量遠離懸崖，越遠越好。」第三位說。

最終，這家公司錄取了第三位。

認清誘惑，經常進行自我反省，和誘惑保持足夠的安全距離，才能保證自我發展空間。不要隨意放縱自己，不要輕易向誘惑低頭，否則，你很可能隨波逐流，貪圖眼前的一點點安逸享受，而失掉生活中真正的財富。

三修

第三章

處事有禮貌，教養悅人心

昔日馬勝比丘以威儀度化舍利弗，成為千古的佳話。
因此，樹立良好的形象，不但是做人的基本條件，
更可以成為度眾的方便法門。

——星雲大師

1 樹立良好的個人形象

星雲大師說：「在佛門中，語默動靜安詳，一切合宜合法，就是禮儀。僧團講究『三千威儀，八萬細行』，用意在培養一個人出眾的威儀。昔日馬勝比丘以威儀度化舍利弗，成為千古的佳話。因此，樹立良好的形象，不但是做人的基本條件，更可以成為度眾的方便法門。」

美國的心理學者雷諾・畢克曼做了一個有趣的實驗。在紐約機場和中央火車站的電話亭裡，在任何人都可以看到的地方，他放了十分錢，等到有人進入電話亭。兩分鐘後，他就會敲門說：「對不起，我在這裡放了十分錢，不知道你有沒有看到？」

結果，退還硬幣者的比率，詢問者服裝整齊時占百分之七十七，詢問者衣著寒酸時則占百分之三十八。進入電話亭裡的人在被服裝整齊的人詢問時，可能會覺得對方跟自己說了很重要的話；然而面對衣著寒酸的人時，便會不想去理會對方的質問，所以根本沒有聽清楚他說的話，就開口回答「不」，企圖驅趕對方。

俗話說「人靠衣裳馬靠鞍」，包裝對於一個人來說非常重要。在日常生活中，我們常聽到這樣的勸告：不要以貌取人，但經驗告訴我們，人很難做到不以貌取人。愛美之心人皆有之，人們對美的認識，很多時候是從第一印象中萌發的，而人的儀表恰好擔當了這一「特殊」的任務。

良好的儀表不僅能夠給自身提供信心，也能給別人帶來審美的愉悅，使你辦起事來信心十足，一路順暢。對於大多數人，尤其是需要出現在正式的社交場合的人來說，儀表至關重要。質於內而形於外，儀表體現了一個人的修養、品味格調，也是對人和周圍環境的尊重。

2 身語意的行止

星雲大師談到，身語意的行止，表現在外，就是生活的禮儀。

一個人如果站沒站相、坐沒坐相、衣冠不整、談吐庸俗，這就是缺乏生活的禮儀。因此，佛門中的四威儀：行如風、坐如鐘、立如松、臥如弓，就是從行、立、坐、臥來訓練威儀的。

舉止是一個人自身素養在生活和行為方面的反映，是映現個人涵養的一面鏡子，優雅的舉止，可以使人顯得有風度、有修養，給人美好的印象；反之，則顯得不雅，甚至失禮。

現實生活中，我們經常碰到這樣的人：他們或是儀表堂堂，或是漂亮異常，然而一舉手一投足，便表現出粗俗的樣子。這種人雖金玉其外，卻是敗絮其中，只會招致別人的厭惡。

所以，要想給對方留下美好而深刻的印象，外在的美固然重要，高雅的談吐、優雅的舉止等內在涵養的表現則更為關鍵。

我們應當從舉手、投足等日常行為方面訓練自己，養成良好的站、坐、行姿態，做到舉止端莊、優雅得體、風度翩翩。

3 自身修養需不斷提高

人生活於大千世界，要和不同的人打交道。星雲大師認為，在人際交往中，如果本身沒有一些令人喜歡的特質，包括自身素質方面，就不會有良好的人際關係。

我們常常看到這樣一種人：他們總是自以為是，凡事都是自己好，都是自己對，錯的都是別人。任何人都不可能沒有一點毛病，也不可能做事永遠正確。一個人如果能想到這一點，那麼，在與人交往的過程中，對於別人的某些缺點和錯誤，就會抱有寬容之心，不斤斤計較。

古人說，「君子求諸己，小人求諸人。」這句話的意思是說，作為一個君子，要先從自己找原因，嚴格要求自己，不能只對別人吹毛求疵。

古人還說，「己所不欲，勿施於人」，「己欲立而立人，己欲達而達人」，「能近取譬，可謂仁之方也已」，這幾句話的意思是說：你自己不希望別人把你不喜歡的東西強加給你，你就不要把同樣的做法強加給別人，也就是「將心比心」。

我們應該站得高一點，看得遠一點，虛懷若谷，方能容四海百川，千萬不要在雞毛蒜皮的問題上斤斤計較，搞名利之爭、意氣之爭、面子之爭，喜歡傳播小道消息、拉幫結派等等，這些都是人際交往中的大忌。

另外，個人容貌、穿戴、風度的儀表因素也會影響人們對彼此的吸引力，尤其是在第一次見面時。因此，我們不但應該對自己的穿著有一定的要求，而且應培養自身內在的素質和修養。

有些人經常抱怨很多人很難交往，其實，我們更應該看一下是不是自己的行為出了錯，自身修養的不斷提高是能夠順利交往的關鍵。

4 談話切勿觸及「逆鱗」

《菜根譚》中有句話：「不揭他人之短，不探他人之秘，不思他人之舊過，則可以此養德疏害。」星雲大師認為：做大事的人，不會冒冒失失地挑起爭端，反而會做好表面文章，讓對方覺得你對他富有好感，凡事為他著想。

他說，「逆鱗」一說可能許多人並不太瞭解。逆鱗就是龍喉下直徑一尺的地方，傳說中，龍的身上只有這一處的鱗是倒長的，無論是誰觸摸到這一位置，都會被憤怒的龍殺掉。人也是如此，無論一個人的出身、地位、權勢、風度多麼傲人，都有不能被別人言及、不能冒犯的角落，這個角落就是人的「逆鱗」。無論是對什麼人，只要你觸及了他的傷疤，他都會採取一定的手段進行反擊，從而獲求一種心理上的平衡。

揭短，有時是故意的，那是互相敵視的雙方用來攻擊對方的武器；揭短，有時又是無意的，但有心也好，無意也罷，在待人處世中，揭人之短都會傷害對方的自尊，輕則影響雙方的感情，重則導致人際關係緊張。

通常情況下，人在吵架時最容易暴露其缺點。爭吵中，雙方在眾人面前互相揭短，使各自的缺點都暴露在大庭廣眾之下，無論對哪一方來說都是不小的損失。

在一座小城裡，有一個老太太每天都會坐在馬路邊望著不遠處的一堵高牆，她總覺得它馬上就要倒塌，很危險。於是只要看見有人向那裡走過去，老太太就善意地提醒：「那堵牆要倒塌了，遠著點走。」被提醒的人不解地看著她，便大搖大擺地走過去，但牆並沒有倒塌。老太太很生氣：「怎麼不聽我的話呢？」接下來的三天，她仍然在提醒別人，但許多人走過去也沒有遇到危險。

第四天，老太太感到有些奇怪，又有些失望：「它怎麼沒有倒呢？明明看著要倒的啊。」她不由自主地走到牆下仔細觀望，就在此時，牆真的倒了，老太太被淹沒在石磚當中，當場氣絕身亡。

為什麼我們不能在提醒別人的時候也提醒自己呢？提醒自己給別人留點餘地、給別人留點尊嚴。每個人都有不足的地方，容許別人的不足，也是對自己的寬恕，因為世界上沒有完人，包括自己。

不要以為隨便揭別人的短，可以讓自己顯得更加高尚。錯了，這麼做只能說明自己沒有道德。

5 必須學會發自真心地道歉

星雲大師說：「如果我們免不了會受到責備，何不自己先道歉呢？聽自己譴責自己不比挨別人批評好受得多嗎？你要是知道某人準備責備你，你自己先把對方責備你的話說出來，對方十之八九會以寬大、諒解的態度對待你。」

道歉是一種重要的社會禮儀，它需要人們拿出勇氣，表現自己謙虛的一面，同時，它也要求一定的技巧。

俗話說：「人非聖賢，孰能無過。」我們都是普通人，犯錯在所難免，而我們又不想將人際關係搞僵，那就該學會主動認錯和道歉。

當認為自己可能會被人指責時，不妨以先發制人的方式先數落自己一番。因為人心是很奇特的，當對方發覺你已先道歉時，便不好再多指責。

從卡內基家步行一分鐘，就可以到達公園。他常常帶著一隻叫雷斯的小獵狗到公園散步。

因為他們在公園裡很少碰到人，又因為這條狗不傷人，所以卡內基常常不替雷斯繫狗鏈或戴口罩。

有一天，他們在公園遇見一位騎馬的警察，警察嚴厲地說：

「你為什麼讓你的狗跑來跑去，又不給牠繫上狗鏈、戴上口罩？你難道不曉得這是違法的嗎？」

「我曉得。」卡內基說，「不過，我認為牠不會咬人。」

「法律是不管你怎麼認為的，牠可能在這裡咬死松鼠或咬傷小孩，這次我不追究，假如下次再被我碰上，你就必須跟法官解釋了。」

卡內基照辦了。可是雷斯不喜歡戴口罩，他也不喜歡牠那樣。

一天下午，他和雷斯正在一座小坡上賽跑，突然，他看見那位執法大人正騎在一匹棕色的馬上。

卡內基想，這下栽了！他決定不等警察開口就先發制人：

「警察先生，這下你當場逮到我了。我錯了，我有罪。你上星期曾警告過我，若是我再帶小狗出來而不替牠戴口罩，你就要罰我。」

警察柔聲說：「好說，好說，我曉得在沒有人的時候，誰都忍不住要帶這樣一條小狗出來溜達。這樣吧，你只要讓牠到我看不到的地方，事情就算了。」

道歉最關鍵的兩個基本點就是目的和態度，只要當你的歉意是發自內心的，而且願意為此承擔責任的時候，對方便會感覺到你的誠意。學會道歉或學會接受道歉，是開啟原諒和恢復關係大門的金鑰匙。道歉不僅僅是說一句「對不起」那麼簡單，有時，人們會因為害怕承擔責任而不願道歉。

很多人害怕即使自己道了歉，對方也不會領情；也有人害怕道歉會暴露自己的缺點，失去別人的尊重，從而毀了自己的名聲；還有人害怕報復。正因為這些顧慮確實有可能發生，才使道歉變得更有意義。

6 對人「關心」勿過度

星雲大師說：「適度的關心是友情的潤滑劑，過度的關心就會干擾到他人的生活，令人反感。就算我們的出發點是善意的，也該考慮對方的感受，人家到底需不需要關心，我們不能僅憑自己的意識去判斷，否則很容易誤打誤撞地給人家亂上添亂，從而影響彼此的關係。」

在現實生活中，這種例子舉不勝舉。

法國前總統戴高樂曾經說過：「僕人眼裡無英雄。」這說明了人在和他人的交往過程中應該留有一定的餘地——相應的心理距離，否則，偉大也會變得平凡。

戴高樂是一個非常會運用心理距離效應的人，他的座右銘是：「保持一定的距離！」這句話深刻地影響了他與自己的顧問、智囊以及參謀們的關係。

在戴高樂擔任總統的十多年歲月中，他的秘書處、辦公廳與私人參謀部等顧問及智囊機構中任何人的工作年限都不超過兩年。戴高樂總是這樣對剛上任的辦公廳主任說：

「我只能用你兩年，就像人們無法把參謀部的工作當作自己的職業一樣，你也不能把辦公廳主任當作自己的職業。」

戴高樂解釋說，這樣規定有兩個原因。

第一，他覺得調動很正常，固定才不正常。這可能是受到部隊做法的影響，因為軍隊是流動的，不存在一直固定在一個地方的軍隊。

第二，他不想讓這些人成為自己「離不開的人」。唯有調動，相互間才能夠保持一定的距離，從而確保顧問與參謀的思維、決斷具有新鮮感及充滿朝氣，並能杜絕顧問與參謀們利用總統與政府的名義來徇私舞弊。

關心別人可以拉近彼此的距離，使友情更濃、交情更深；只不過，關心要有個限度，超過了難免會給別人造成傷害。

關心不是一廂情願的鞍前馬後，學會察言觀色是人際交往中不可少的一門學問，我們要清楚對方需要何種程度的關心，點到為止才能傳達出好的情誼。同時，物以稀為貴，關心也是一樣，在別人最需要關心的時候出現，我們的關心才能幫到對方心坎裡。

有時候，我們表現得過於關心和熱情，反倒是不信任對方。比如，別人在處理一件事情，我們三番五次地詢問，也許只是單純的關心，可在別人眼裡就像在督促他，不相信他的能力一樣。這樣一來，關係再好也難免發生誤會。所以，關心要適度，把握好分寸，和別人的友情才能保質保量。

7 改變不好的慣性

星雲大師說，佛教經典《愛道比丘尼經》提到「女人八十四態」，說的是女人的八十四種慣性；《毗婆娑論》也有提到佛陀的弟子——畢陵伽婆蹉，過去五百世中為婆羅門，生性傲慢，呼婢喚女已成習慣，每次過恆河都喚河神為「小婢」，雖然佛陀要他向河神道歉，但他還是習慣性地對河神說：「小婢！莫嗔，我與汝懺。」

而佛陀的大弟子，頭陀行第一的迦葉尊者，有一次聽到四幹闥婆王奏樂，竟不自覺地手舞足蹈起來，原來迦葉尊者曾做過樂人。

可見，習性一旦形成慣性，就很難改過來。

習慣可以說是無處不有、無處不在。正因為習慣如此，以至於人們常常忽視它的存在，無視它的影響。

好習慣是成功的助力器，壞習慣則可能是通往成功之路的絆腳石。

美國前總統富蘭克林在沒有登上總統寶座之前，有一個不好的習慣：凡事太愛爭強好勝，動不動就和別人打嘴皮官司。這個習慣使富蘭克林失去了很多朋友，他覺悟之後，馬上著手改變自己的習慣。

他列出了一個清單，把自己認為的那些不良習慣一一列在上面，並且從最致命的不良習慣開始，一直糾正到不足掛齒的小毛病為止。

當他把自己的毛病全部刪除完畢之後，他身上剩下的都是好的習慣，如善於傾聽，懂得讚揚，會站在別人立場上想問題，結果，他變成了美國歷史上最受尊敬和愛戴的總統之一。

當我們每天重複做相同的一件事情時，那件事情就會成為習慣，也就是人們常說的「習慣成自然」。失敗者和成功者之間的差異，正是習慣造成了他們不同的命運。比如人的思維，一旦你的思維形成定勢，這種思維習慣就會決定你的決定，如果你的思維習慣於開拓、創新，你就能很容易產生新奇的想法，冒出思想的火花；如果你的思維習慣凡事穩妥，沒有積極創新的意識，那麼你就只能產生保守、步人後塵的觀念。

如果你想像富蘭克林那樣養成良好的習慣，就要趕快動手去重複實施你的計畫。開始也許會覺得有些困難，但熟能生巧，當你做到一定程度時，難的也就變成容易的了。當變成容易的時候，你會喜歡你的新習慣，就更願意時常去做。這就是人的天性。

8 善用目光結善緣

星雲大師指出，在與他人的交往中，能否博得對方好感，眼神可以起到主要的作用。如一對戀人，一言不發，僅靠含情脈脈的眼神就能表達彼此的愛慕之意。

再如，直覺敏銳的人與人接觸時，往往看一下對方的眼睛就能判斷出「這個人很可信」或是「要當心這小子會耍花樣」的評論，只要眼神好，即可一優遮百醜；反之，即使能說會道，如果眼神不好，也不能博得客戶的青睞，反而會被認為「光會耍嘴皮子」。

所以那些遭人反感的不當眼神，如不正眼看人、眼珠四處亂轉、冷眼看人以及直愣愣的眼神等，一定要儘量避免。

四修

第四章

見人要微笑，常駐歡喜心

請不要抱怨世人的勢利，事實上，如果換了你，
你也不會樂意在一個整天絮叨、憤怒、仇恨的人身邊多待。

——星雲大師

1 你要快樂就能快樂

快樂是自己給自己的，只要你想快樂，沒有人可以把它從你那裡奪走，因此，你要學會給自己快樂，每天用微笑詮釋你的快樂。

每天微笑多一點，每天快樂就多一點。一件挺難的事，報以一個微笑，事情好像也變得簡單了許多。微笑還可互相感染，你身邊的人也會從微笑中變得自信起來。

一次，美國前總統羅斯福的家中被盜，丟了許多東西。

一位朋友知道後，馬上寫信安慰他，勸他不必太在意。

羅斯福給這位朋友寫了一封回信，信中說：

「親愛的朋友，謝謝你安慰我，我現在很平安，感謝老天。

因為，第一值得高興的是，賊偷去的是我的東西，沒有傷害我的生命；第二值得高興的是，賊只偷去我的部分東西，而不是全部；第三，最值得慶幸的是，做賊的是他，不是我。」

如何在不利的事件中看到其有利的一面，在消極的環境中看到積極的因素，這是一種處世哲學，也是生活中的大智慧。

想讓工作天天快樂並不容易，但你可以換一個角度，樹立積極的工作態度，想像每天都是新的，每天都將有新的收穫。老闆向你發火時，你明白自己錯在什麼地方，可以避免下次再犯；工作量大時，用積極的心態去面對，如此，你就會感覺事情並沒有想像中那麼困難；每天微笑著面對生活，別人就會知道你很快樂，就會願意親近你，你的人際關係也會因此而變得更融洽。

2 發自內心的美好微笑

毫無疑問，所有人都喜歡看到面帶笑容的臉龐，同樣，別人也希望看到的你是一個散播快樂的人，始終掛著發自內心的美好微笑。

星雲大師說：「中國人很講究一個人的運勢和影響力，相信和順利的人在一起可以沾染好運，和倒楣的人在一起會沾染晦氣。而在民間的傳聞中，對於好運的人也都有這樣的描述：印堂飽滿紅潤、光澤如鏡。這和眉頭緊鎖、唉聲嘆氣的形象有著天壤之別。」

因此，如果一個陷入困境的人，仍不用心控制和調整自己的精神及面貌，還肆意地把愁苦暴露出來，那麼這個人除了能獲取一些旁人的可憐、同情或者幸災樂禍的嘲笑外，更多的恐怕是慌忙的躲避。

所以，讓自己開朗起來，用樂觀和平靜去對付各種磨難，除了可以保持自己的格調外，還能贏得更多人的尊敬和關注，同時也能贏得改善生活的機會。

美國總統雷根是一個讓人印象深刻的傑出人物，和所有貧苦出身的普通孩子一樣，他的生活充滿了酸澀，但是儘管家庭條件異常窘迫，樂天派的他卻毫不自卑，遇到任何人任何事，他都是一臉微笑。

正是因為具備這種可貴的特質，所以當困苦和艱難來臨的時候，雷根沒有皺眉憤怒，而是努力地順應變化——他去球場賣過爆米花，去建築工地做過臨時工，做過業餘救生員，在學校餐廳刷過盤子……任何工作，他都樂意去接受。

雷根的人生逐漸呈現出一片絢爛。在從政前，他不僅曾是一名出色的體育播音員，也是一個作品頗多的專業演員。

在雷根六十九歲這年，他成為美國歷史上年紀最大的總統；同時，他也是第二次世界大戰結束後第一位任滿兩屆的美國總統，他終於實現了自己出人頭地的願望。

讓別人理解自己的痛苦，樂意和自己保持長久的聯繫並能給予支持和幫助，這就是雷根的微笑贏得的勝利。現實生活中，命運常常會突然偏離既定的軌道，讓人措手不及。

但是，唯有熱情、樂觀的心是絕對不能和那些外在物質一起失去的！

3 讓微笑詮釋自己的快樂

加州大學的研究人員曾發現，快樂的人更容易獲得事業成功。

該研究項目的帶頭人索尼亞說：「導致這種現象的原因很可能是快樂的人經常會有積極的情緒，這種情緒能夠激勵他們更主動工作，接受新的知識；當他們覺得快樂的時候，會覺得很自信、樂觀、精力充沛，這樣會使他們更有親和力。」

從心理學的角度來說，這個研究結果是很有道理的。具有良好心理狀態的人，能夠更好地把正面能量投入到建設性的事務中去，更大地釋放自己的潛能，提高工作效率，這對於取得成功是相當重要的因素。

而那些不快樂的人，消極的情緒則會降低工作效率，消極的情緒常常會大量消耗心力，如同電腦被病毒感染以後，程式運轉就會緩慢且容易當機。如此，我們還有什麼理由不快樂呢？

此刻，有人會說，誰不想讓自己過得快樂點？我也知道自己快不快樂的關鍵在於自己的心態，可是我就是沒有辦法說服自己讓自己快樂，總感覺有好多事讓自己快樂不起來，該怎麼辦呢？

要想讓自己在職場中快樂起來，必須從自身的修煉做起，如此鍛煉自己的意念，你一定會快樂起來：

●「假裝快樂」調整情緒——悲傷的情緒會導致人體新陳代謝減緩，所以人在悲傷的時候往往會精力衰退，興趣全無。「假裝快樂」是一種快速調整情緒獲得快樂的方法，雖然治標不治本，但的確有效。

●行為獲得快樂——快樂的感受還可以透過行為獲得。當你情緒壓抑的時候，可以找個地方嘗試一下「笑功」的功效：先站直，然後身體前屈九十度，再後仰十度，並喊出「哈哈哈哈」的聲音，連做六次，相信你做完就不那麼鬱悶了。

●修身養性——以上兩種方法都治標不治本，能否發自內心地真正快樂，還要看自己本身的工作態度和生活態度。也就是說，如果你自己沒有一個積極向上的工作態度和生活態度，即使工作或生活在一個快樂的集體裡也是無濟於事的。

這些說著容易做起來就難了，每個人的個性、脾氣、抗壓能力都不一樣，有些人天生看事情就比較悲觀，容易往壞的方面想。因此，我們要修身養性，學會熱愛生活，熱愛工作，學會簡單，學會寬容，不斤斤計較，與人為善。

4 放下抱怨，遠離煩惱

心理學家說，人若有抱怨，應該說出來，才不會心內鬱積，憋出病來。星雲大師說，這個說法基本上是沒錯的，但要說可以，不能「隨便」說。

在我們的生活中，哀傷、鬱悶、不滿是每個人都會有的情緒。如果遇到了困境，一味地去抱怨那些讓人煩惱的事情，這樣永遠都不會有一個積極的心態去對待生活。

抱怨的事情越多，令人痛苦的事情也就會越多，倍數聚增，如此也會對生活失去希望。抱怨就像烏雲，一直沉浸在其中，只會淪陷在痛苦的沼澤中不能自拔。

唐朝宰相裴休是一個虔誠的佛教徒，他的兒子裴文德年紀輕輕就中了狀元，進了翰林院，位列學士。

但裴休認為兒子雖然科舉成功，但還沒有真實的人生歷練，因此他把兒子送到寺院中修行，於是，這位少年得意的翰林學士不得不天天在寺院裡挑水砍柴。

每天，他都累得要死，心中不免牢騷，抱怨父親不該把他送到深山古寺中做牛做馬。但父命難違，只好忍耐。

時間一長，裴文德把心中的怨氣發到寺裡的和尚頭上，心說：這裡的方丈太不識趣了，我不如寫首詩，讓他給我換個輕鬆的差事。

裴文德便在牆上題了兩句詩：

「翰林挑水汗淋腰，和尚吃了怎能消？」

住持無德禪師看到後，微微一笑，當即在其詩後也題了兩句：

「老僧一炷香，能消萬劫糧。」

裴文德看過後，心說自己實在太淺薄了，從此收束心性，老老實實地勞役修行。

如果我們一遇到問題就無休止地抱怨，一味沉溺在已經發生的事情中，那我們只會活在迷離混沌的狀態中，看不見前頭一片明朗的人生，生活也會失去很多樂趣。

5 厭惡苦，並無法驅走苦

星雲大師介紹佛學時說：「這個世界上充滿了缺憾，甚多苦難，而人與一切眾生，不但能忍受其缺憾與許多的苦難，而且仍有很多的人們孜孜向善，所以值得讚嘆。如果世界上沒有缺憾與苦難，自然分不出善惡，根本也無善惡可言，那應該是自然的完全為善，那就無可厚非，無所稱讚了。」

大哲學家尼采說過：「受苦的人，沒有悲觀的權利。」已經受苦了，為什麼還要被剝奪悲觀的權利呢？因為受苦的人必須克服困境，悲傷和哭泣只能加重傷痛，所以不但不能悲觀，還要比別人更積極。

任何一條通向成功的道路都不會一帆風順、平平坦坦，或多或少都會走些彎路。經歷過一次又一次跌倒，人們才能為成功找到出路。

生活中，每個人都會面臨失敗的考驗。成功者也會失敗，但他們之所以是成功者，是因為他們失敗了以後不是為失敗而哭泣流淚，而是從失敗中總結教訓，並勇敢地站起來，再接再厲。

成功和失敗之間，往往只有一線之隔。如果你能正確地認識到自己的不足，並加以更正，最後的勝利就一定會屬於你。

美國著名廣播員莎莉・拉菲爾在她三十年職業生涯中，曾經被辭退十八次，可她每次都放眼最高處，確立更遠大的目標。

最初，由於美國大部分無線電臺認為女性不能吸引觀眾，所以沒有一家電臺願意雇用她。

莎莉好不容易在紐約的一家電臺謀求到一份差事，不久又遭辭退，說她跟不上時代。

莎莉並沒有因此而灰心喪氣，她總結了失敗的教訓之後，又向國家廣播公司電臺推銷她的節目構想。

電臺勉強答應了，但要她先在政治台主持節目。

「我對政治所知不多，恐怕很難成功。」她一度非常猶豫，但堅定的信心促使她去大膽地嘗試，於是，她利用自己的長處和平易近人的性格，大談即將到來的國慶日對她自己有何意義，還請觀眾打電話來暢談他們的感受。

聽眾立刻對這個節目產生了興趣，她也因此而一舉成名。

一個拳擊運動員說：「當你的左眼被打傷時，右眼還得睜得大大的，才能夠看清敵人，也才能夠有機會還手。如果右眼同時閉上，那麼不但右眼也要挨拳，恐怕連命都難保！」

在冰天雪地中歷險的人都知道，凡是在途中說「我撐不下去了，讓我躺下來喘口氣」的同伴，很快就會死亡，因為當他不再走動時，他的體溫就會迅速降低，接著很快就會被凍死。在人生的戰場上，如果失去了跌倒以後再爬起來的勇氣，我們就只能得到徹底的失敗。

慧律法師說：「厭惡苦並無法驅走苦，唯有放下想要苦消失的念頭，也就是去正面地接受它，苦才會有消失的一天。當我們想到無窮盡的存在界本具不圓滿性時，我們內心那一點的痛苦又何足掛齒呢？不讓心追逐樂受，也不讓心墮於苦受，就讓它們順其自然。」

6 願眾生歡喜，你自己也能解脫

星雲大師說：「一張開心的面孔對病人的幫助，猶如宜人的氣候有益健康。只有死人才不會犯錯。別害怕陰影，它只不過是告訴你在不遠處有亮光。有一件事可以讓你對每件事都產生好感，那就是你心中閃著一個念頭：好事將近了！人生中要緊的未必是際遇，而是應付際遇的態度。」

傑瑞是個不同尋常的人，他的心情總是很好，而且對事物總是抱持著樂觀的看法。

當有人問他近況如何時，傑瑞回答：「我快樂無比。」

傑瑞是個飯店經理，卻也是個獨特的經理。因為他換過了幾個飯店，而這幾個飯店的侍應生，在他換工作時也都選擇跟著他一起跳槽。
他天生就是個鼓舞者，如果哪個員工心情不好，傑瑞就會告訴他怎樣樂觀地去看待事物。
終於有一天，一個名叫傑克遜的人對傑瑞說，這很難辦到，一個人不可能總是樂觀地對待生活。
「你是怎樣做到的？」傑克遜問道。
傑瑞答道：「每天早上我一醒來就對自己說：你今天有兩種選擇，你可以選擇心情愉快，也可以選擇心情不好。我選擇心情愉快。」
「每次有壞事發生時，我可以選擇成為一個受害者，也可以選擇從中學些東西。我選擇從中學習。」
「每次有人跑到我面前訴苦或抱怨，我可以選擇接受他們的抱怨，也可以選擇指出事情的正面。我選擇後者。」
「對！可是沒有那麼容易吧。」傑克遜立刻反問。
「就是這麼容易。」傑瑞答道。

人生有時就是一種選擇。正像我們無法選擇工作，但可以選擇對待工作的態度，可以選擇處理工作的方法一樣，改變不了天氣，難道就不能改變自己的心情嗎？

快樂是一種情緒，懂得控制情緒的方法，你就能站在快樂的一方。若你每天的心願都是願眾生歡喜，你自己也會解脫。從煩惱的人到解脫的人，其間只不過是一步而已。

7 掌握好心情的法則

星雲大師說，一個人要想掌握心情的法則，懂得自己的心情，並達到控制心情的目的，是一件說簡單也簡單、說困難也困難的事情。關鍵要看這個人到底花了多少心思、下了多大的決心來做這件事情。

心情就像一個轉盤，不停地旋轉，樂極而悲，喜極而憂。就好比多變的天氣，陰晴不定。但我們要知道，心情並不是不能控制的，只要我們懂得如何控制它，每天都能擁有一個好心情。

那麼，我們要怎樣才能控制自己的情緒，讓自己每天都充滿幸福和歡樂呢？其實很簡單，就是用心情與心情對抗。比如說，在你沮喪時，可以用興奮的心情來與它對抗，你可以大聲地歌唱或者激烈地運動，以此來驅趕沮喪的情緒；你可以開懷大笑，多看些輕鬆幽默的小品或戲劇來消磨悲傷的情緒；自卑時，也許換上新裝，換個髮型，便能找到自信。

總之，我們不能任憑不好的情緒在心裡橫衝直撞，肆意破壞我們的心情。要知道這種負面的情緒在破壞我們心情的同時，也在消耗著我們身心的精力；不僅如此，它還是一個惡性循環，會導致我們的心情變得更差。

情緒是一把雙刃劍。好的情緒能幫助我們，當一個人的情緒高漲時，對待周圍的人也會相當溫和，辦事效率會有明顯提高；但當一個人情緒低落時，就會出現很多的差錯。所以，最好的辦法是保持情緒穩定，儘量不使它大起大落。

保持一種平靜的心境，將我們的情緒穩定在安全線以上。

控制情緒時，最大的障礙就是心情的浮躁。浮躁是現代人的一種通病，其中包括嫉妒、虛榮、目光短淺，還有不切實際、好高騖遠等心理狀態。每個人控制浮躁情緒的方法不同，付出的努力也不一樣。有的人很容易就做到，有的人卻一輩子還是那個臭脾氣，說到底，這與一個人的性格有著很大的關係。如果是一個脾氣溫和的人，那他很快就能平靜下來；而一個脾氣火爆的人，控制情緒對他而言是很難的。

不過，不管是誰，只要做到下面幾點就可以了：

●暗示自己

每天要多提醒自己，千萬不要急躁，儘量使自己的心情安靜，保持心平氣和。每當你稍有浮躁時，就用這種自我暗示和鼓勵來控制自己的心情，久而久之就會成為一種習慣。

●生活中形成規律

最好讓自己的生活變得井井有條，讓自己的生活充滿規律。形成規律以後，你會發現，生活並不是那麼讓你厭煩。因為生活有了規律之後，每天你都知道自己要做什麼，也知道自己該做什麼。這樣，心情自然就會好很多，而這種好心情最終也會有助於你以平靜的心態去應付每天的生活和工作。

●多參加運動

實驗證明，運動能讓心情保持輕鬆愉快。因為運動能使人把身體裡多餘的精力釋放出來，而這些多餘的精力就像那些殘渣一樣，經常堵住人們的情緒排放，最終導致情緒失控。運動正好能給多餘的情緒一個釋放的方式，在流汗的時候，你的負面情緒也跟著流出了體外。

●回歸自然

當我們在登山或去森林中漫步時，會不自覺地將身心投入到大自然中，專心聆聽大自然的聲音，去呼吸清新的空氣。這時，所有的煩惱都會隨風而逝，原本鬱悶的心情也會頓時煙消雲散。這時，你會在回歸自然的過程中找到真實的自我。

8 歡喜但向己求，莫從他覓

雖然我們不能改變周遭的世界，但可以用慈悲心和智慧心來面對這一切。用積極的心態處世，「兵來將擋，水來土掩」，不被世事沉浮影響心境，做到「無喜無憂」，也就是有好事不過度狂喜，有壞事不過度惆悵。

《易傳》裡說：「樂天知命故無憂。」人的一生充滿了煩惱憂愁，需要「無憂」來消解這些煩惱憂愁。有時，生活中風波不斷，憂愁、苦悶全都找上門來。當我們面對這些無可奈何的時候，不要沮喪放棄，我們可以自己尋找生活的驚喜，給灰色的人生增添一抹亮色。

歡喜要從哪裡來？星雲大師說：「但向己求，莫從他覓，覓即不得，得亦不真。」意思是說，歡喜要靠我們自己去創造，不能指望別人給予。

歡喜與否取決於我們的心境，世界上沒有絕對不好的東西，也沒有什麼絕對的歡喜。心裡裝滿了歡喜，粗茶淡飯也會覺得是人間難得的美味；內心裝滿了歡喜，就是路上堵車，也能以欣賞的眼光觀看道旁的風景。這就是歡喜的好處，讓我們時刻保持愉悅，而不是敲著方向盤大罵堵車耽誤時間。

有個小和尚很小的時候就上了山，漸漸地，小和尚開始覺得有些寂寞，山上的景色他已經看了個遍，想去山下看看大千世界，但小和尚不敢跟師父說，於是整天愁眉苦臉，師父不在的時候就唉聲嘆氣的，做什麼都提不起興趣。

小和尚以為師父不知道自己的心事，但師父一眼就看出小和尚動了「凡心」。

於是，一天師父叫來小和尚，對他說：「為師想要吃些新鮮的果子，你去後山幫為師摘一些回來。」

小和尚點點頭，他穿林過河，來到了後山，找了幾種不同的果子，帶回來給師父。

師父看到果子的時候卻搖搖頭，說：「這果子我不愛吃，重新摘吧。」

小和尚很納悶，師父怎麼挑起食來了？

小和尚再次到了後山，精心挑選了幾種甜美多汁的果子，沒想到師父又搖搖頭，說：「這果子太酸，為師不要。」

第三次踏上後山的小和尚失去了所有的耐心，躺在一處青草裡，看著天空和遠處的樹林，想不通師父今天為什麼如此奇怪。漸漸地，周圍的風景把他迷住了，他越看越入迷，一直看到了天黑。

回來後，師父滿意地點點頭，說：「你終於懂得了欣賞，寺裡生活枯燥，正需要一些欣賞的眼光才能夠堅持下去啊。」

生活不易，我們要學會自己娛樂自己，這種生活態度能夠讓我們更好地保持一種平和愉悅的心情。用良好的心態遮罩煩惱是最簡單直接的方式，隨時隨地保持歡喜之心，對別人的一切都以歡喜之心來包容。哪怕生活再艱苦，再讓人難熬，只要有一個良好的心態，懂得自己尋找快樂，在生活的大風浪裡，我們就不會落於下風。

五修

第五章

吃虧不要緊，磨難為上緣

吃虧是福，藏匿著天理人欲的平衡，
若要將吃虧是福作為人生信念來守持，必須接受佛學理念的三世說。
當然，對於崇尚爭眼前、爭一時、爭朝夕的急功近利的急躁心態來說，
這一說法是不對他們心路的。

——星雲大師

1 為什麼佛家說「吃虧是福」

星雲大師說：「吃虧就是福，藏匿著天理人欲的平衡，所要揭示的是天底下的生命因緣果報的輪迴。輪迴是一種平衡方式，一時平衡不了，就有一世的平衡；一世平衡不了，就有來世的平衡。若要將吃虧是福作為人生信念來守持，必須接受佛學理念的三世說。當然，對於崇尚爭眼前、爭一時、爭朝夕的急功近利的急躁心態來說，這一說法是不對他們心路的。」

許多人不敢相信在吃虧後面藏匿著福，事實上，也並不是所有虧的後面都藏匿著福報。

虧有許多類型：其一，在正常的博弈場面上，運不如人、技不如人只是技術和運氣之虧，顯然這樣的虧後面是不可能藏匿著福的。其二，出於事先的心理預期的設定，總認為自己該得到這樣或那樣，但結果與設想有了距離，認為自己該得到而沒有得到，從而認定自己吃了虧，這不叫虧，是自己的心理預期的設置有問題。

吃虧本身或許並不重要，重要的是為什麼而吃虧，因為這關係到吃虧是否是福的問題：為人處世正大光明卻與鬼祟卑劣的小人在一起共事，小人利用了你，事後又將你一腳踢開，這是為正大光明而吃虧；善良純正、表裡一致而以心度心，輕信了別人的好言好語，卻被暗算，這是為誠實而吃虧；見義勇為，為捍衛正義挺身而出，結果受到傷害甚至陷入困境，這是為正義而吃虧；真誠地助人，並沒有考慮什麼報酬，卻惹來不少麻煩，招來許多非議，甚至受到傷害而無人理睬，這是為善良而吃虧。

上述的虧是值得承受的，這是福源的出處和原因，多吃多福，不吃沒福。千萬不要為此而沮喪，正大光明、善良純正、正義俠義、良心良知終究是天地之大道，為大道而吃虧，必有福報，這既是信念，也是事實。

2 從做人高度來看待吃虧

星雲大師認為：無論是理性的考慮還是性格的驅動，只要初衷或用意反映了天地間的大道思想，符合人性的本真原則，就不應該為吃虧感到沮喪，無須去後悔，無須去檢討，高尚的風韻、高尚的體驗就是這樣生成的。順著大道走，就是朝著太陽走，為大道而吃虧是福分，福報在後頭。

在職場和生活中，我們常常會遇到一些利益上的衝突或情感上的傷害。這些利益損害和感情傷害不是很大，可是又搞得你很不爽。忍了吧，那種憤怒、不快的心情在心裡壓抑久了會憋出病來；不忍吧，有些損害是你無力抗爭的，或者就算你有力抗爭，但長此以往，會搞得處處樹敵，給人一個「刺頭」的印象，對自己的人生之路沒什麼好處。

其實，說白了就是：吃這些虧我認了。因為凡是理智的人都知道，為一些蠅頭小利錙銖必較、傷肝傷肺不合算，但是，如何說服自己呢？

要心甘情願地吃虧，還得從道理上說服自己，解開思想上的疙瘩，主動吃虧，樂意吃虧，心平氣和地吃虧。

●要有全域觀念

要清楚自己的定位、自己的角色、自己在流程中處於哪個階段。有了全域觀點，眼光就會開闊，不會因為自己所處的位置而吃虧感到不平。俗話說，「出頭的椽子先爛」，問題出在椽子身上，因為出頭的應該是房瓦和屋簷，椽子不應該出頭。你看，棟梁不會先爛，因為它知道自己的角色是負重，而不是強出頭。

有時候，某個位置註定是要被用來犧牲的，如果不滿意，可以想辦法換個位置。但如果你要待在這個位置上，而又不甘於為這個位置做出犧牲，不願意吃虧，就會弄得整個大局不和諧、不協調，整個系統運作也會因此變得不正常。所以，所謂顧全大局，就是要吃虧。這次不吃虧，不顧全大局，「皮之不存，毛將焉附？」下次吃的虧會更大。

●要換位思考

俗話說：「將心比心。」一些人常與別人發生衝突，經常感到自己吃虧，原因就是太自我，考慮問題都以自己為中心，以自己的利益為取捨。這樣的人總覺得別人虧欠他，就算是他做錯了，也會為自己找出理由，然後抱怨別人為什麼不知道這些理由，不能理解他，從而感到委屈。

這種人，主要是因為人生太順利了，沒有遇到過挫折，覺得全世界都應該為他服務，地球應該繞著他轉。得便宜的時候，他覺得理所當然，吃虧的時候就覺得憤憤不平。事實上，社會就是叢林，不是你的父母，也不是你的家，沒有理由為你提供蔭庇，也沒有理由一定要理解你，你違反了遊戲規則就要受到懲罰。

如果能夠換位思考，多想想人家的難處，多體諒別人，「如果你在那個位置上，你會怎麼樣做，會做得更好嗎？」

多換位思想，就不會總覺得吃虧，總有委屈感了。

最後，也是最重要的一點，就是要從更高的層次考慮問題。

日本戰國時代，群雄逐鹿，其中，織田信長的氣勢最盛，最有希望統一全國。

但織田信長有個致命的弱點，就是太精於計算現實利益，甚至到了不講信義、不講道義的程度。

有一次，他的一個盟國受到攻擊，他的兵力陷了進去。這時，他面臨著一個選擇：繼續支持盟國，就會損失兵力；撤手不管地撤兵，就可以保存實力。他選擇了後者。

當時作為他屬下的豐臣秀吉對他的選擇很不認同：選擇後者固然可以保存實力，但在世人眼裡，就是不守信用、不講信義。從這個戰略層面考慮，以後要統一全國，不知要犧牲多少倍兵力，才能重塑形象，挽回人心。

後來的情形果然如豐臣秀吉所料，每當要別人投降或結盟時，對方就會說：「織田信長不講信義、不守信用，不能以身相託付。」結果只能一座座城池、一個個地盤地苦攻苦打，消耗的兵力何至幾倍於前呀！

很多人，人稱「有福氣」、「有貴人相助」，其實就是因為他的為人處世能吃虧、願吃虧，得到別人的信任和支持。所以，從做人這個高度來看待吃虧，你就會覺得，每一次吃虧都是一次人緣的投資，都是上天賜予你的機會。

3 不妨「主動」吃點虧

星雲大師認為：「吃虧」有兩種，一種是主動吃虧，一種是被動吃虧。「被動吃虧」是指在未被告知的情形下，突然被分派了一個並不十分願意做的工作，或是工作量突然增加。碰到這種情形，如果發現沒有抗拒的餘地，那更應該「愉快」地接下來。

也許你不太情願，但形勢如此，也只好用「吃虧就是佔便宜」來自我寬慰，要不然還能怎麼辦呢？

至於有沒有「便宜」可占，那是很難說的，因為那些「虧」有可能是對你的考驗，考驗你的心志和能力。姑且不論是否「重用」，在「吃虧」的狀態下，磨煉出了耐性，這對日後做事肯定是有幫助的。

「主動吃虧」指的是主動去爭取「吃虧」的機會，這種機會是指沒有人願意做的事、困難的事、報酬少的事。這種事因為無便宜可占，因此大部分人不是拒絕就是不情願。但是，這是你擴展人際關係的好機會。

最重要的是，什麼事都做，正可以磨煉人的做事能力和耐力，不但懂的比別人多，也進步得比別人快，這是無形資產，絕不是錢能買得到的。這是積累工作經驗、提高做事能力、擴張人際網路最好的方法。

香港富商李嘉誠曾經對他的兒子李澤楷說：「和別人合作，假如你拿七分合理，八分也可以，那麼拿六分就夠了。」

李嘉誠這麼說是在告誡兒子，他的主動吃虧可以讓更多的人願意和他合作。想想看，雖然他只拿了六分，但是多了一百個合作人，他現在能拿多少個六分？假如拿八分的話，一百個人會變成五個人，結果是虧是賺，不言而喻。

李嘉誠一生與很多人有過長期或短期的合作，分手的時候，他總願意自己少分一點；如果生意做得不理想，他會什麼也不要，甘願自己吃虧。正是這種風度和氣量，才使人樂於和李嘉誠合作。所以，李嘉誠的成功更得力於他恰到好處的處世交友經驗。

生意沒了，人情卻可以賺「一大把」。

於情於理，於公於私，追求個人利益的最大化都無可厚非。但絞盡腦汁地多佔便宜、避免吃虧，就能找到幸福，走向成功嗎？恐怕不一定。太小氣、愛佔便宜的人一般都沒有什麼朋友。因為跟這樣的人相處，總覺得他在占自己的便宜。而那些大方的人常常目光遠大，懂得「有付出才有得到」的道理。

在人生的歷程中，吃虧和受益是一種互為存在、互為結果的東西。一個人不能事事只想著受益，有些事情當時即使真的受益了，最終導致的結果仍有可能是吃虧；我們更不能時時怕吃虧，有些事情當時可能是吃虧了，但事後仍有可能出現一個受益的結果。無論哪一個人，無論哪一件事，沒有永遠的受益，也沒有永遠的吃虧。

4 責罵是上進的鞭子

《無量壽經》中說：「先人不善，不識道德，無有語者，殊無怪也。」星雲大師認為：當我們看到許多人為非作歹的時候，就會覺得難以忍受，不明白為什麼這些人會有這樣的行為。

而佛對此的理解是：他們的父母、長輩不懂得仁義道德，也沒有好好教導他們，所以他們才會做出一些錯誤的事情。我們看到了，聽到了，不能責怪他們，而應當原諒他們。如果他們不願意聽我們的教導，仍然犯過失，那也不要把過失推給別人，而應回過頭來好好反省，是不是自己教導得不夠好，不夠圓滿？

無論是在工作中還是在生活中，如果有人責罵我們，我們一定會覺得不舒服，甚至會怨恨對方。其實，很多時候，別人會責罵我們，是因為他們對我們寄予了希望。俗話說：不挨罵，長不大。如果沒有一番內心的刺激，我們往往會變得懈怠，容易隨波逐流。只有在經受了心靈上的打擊之後，我們才會奮起直追，超越原來的自己。

在被指責或訓誨時，尤其是被自己的上級或者比自己尊貴的人指責或訓誨時，非但要認真地聽，聽完之後，還要面帶笑容，以愉悅的口吻回應：「是的，我已經知道了，您說得很中肯，我一定嚴格要求自己。」

遇到這種情況被責罵，如果你表現得非常緊張不安，會讓對方認為你心存反抗之心，而感到不舒服。換言之，靜靜地接受指責或聆聽訓誨，並保持不失禮的態度來和對方親近，就是在尊崇對方，這是留給對方良好印象的竅門。

不要因為在眾人面前被責罵而覺得丟臉，更不能因此而產生怨恨的情緒。這時，你要換個角度來向，認為他在培養自己、教育自己、幫助自己。你要認為，在眾人之中，只有自己才值得被責罵，是最有前途的人，更可以認為「他對我充滿期待」並以此感到驕傲。最沒有前途的人，就是被忽視的人。

5 順境不沉迷，逆境能承受

星雲大師認為，人生本就有苦有甜，有順境也有逆境，不必癡迷於現下的財、名、情、物，用平常心對待喜愛的事物，得之我幸，失之我命，不失為一種快樂。

釋迦牟尼成佛之後，他的兄弟們也一個個都跟他出了家，只有難陀還留在家中，他們的父王就打算把王位交給難陀，但他總是擔心迦牟尼佛會將難陀也帶去出家。

難陀的妻子也同樣非常擔心，因此對難陀管得非常嚴。難陀每次出門之前，妻子都會先在難陀的額上點上口紅，並且規定讓他在口紅沒有乾以前回來，否則就要受到處罰。

難陀的妻子長得非常漂亮，難陀也非常喜歡她，因此很聽她的話。後來因為因緣成熟了，釋迦牟尼佛就托缽來到王宮化緣，難陀要出去，他的妻子對此非常緊張，唯恐自己的丈夫會一去不回，因此不願意讓他出去。兩人爭執了許久，最後妻子終於妥協，仍舊用口紅在難陀額上一點，讓他把飯送出去後馬上回來。結果難陀還是跟著釋迦牟尼佛出家了。但他出家後還是惦念家中的妻子，無心修道，整日六神不安。

有一天，釋迦牟尼佛問：「難陀去過天堂沒有？」

難陀當然沒有去過，佛就讓難陀抓住他的衣角，升到欲界天。難陀看到天上美女成林，這些仙女個個都比自己的妻子漂亮許多，他高興極了，就在眾多美豔動人的仙女中穿來走去。過了一會兒，難陀覺得奇怪，怎麼這裡沒有一個男人呢？仙女回答他說：「這裡的男性只有一位，他就是我們的老闆，現在正在人間修行。他名叫難陀，生在印度，是佛的弟弟，我們都在這裡等他修行果報成功以後，上升做天主。」

難陀聽後趕緊回頭找哥哥，要求他立刻帶自己下去修行。回去以後，難陀想著天上的仙女，拼命用功修行，念佛也不怕心亂了，盤腿也不怕腿痛了。

過了幾天，佛又帶難陀去地獄裡參觀。

難陀看到有兩個惡鬼手拿叉子，在火燒得猛烈的大油鍋旁等著，難陀又害怕又好奇地上前去詢問他們在等著什麼。

惡鬼說：「我們在等一個犯了淫惡之罪的人，此人現在正在跟著佛修行，然而，他是因為貪圖情愛之欲才修行的，修行的動機不純，等他享完天福以後，便要到地獄來受此刑罰了。」

難陀一聽，嚇了一跳，從此開始心無雜念地修行。

佛說：「離苦得樂，苦與樂乃是生命的盛宴。」當痛苦襲來的時候，我們無需淒慘；當欣喜來臨的時候，我們也無需狂喜。痛苦與快樂一生相伴並存著，凡事只有以一顆平常心去看待，學會恆久忍耐，才能不被外界牽著鼻子走。

奧古斯‧狄尼斯曾說過：「在任何情況下，遭受的痛苦越深，隨之而來的喜悅也就越大。」人一生只有在經過痛苦的洗禮後，才能讓我們更深刻地體會到快樂的滋味，就如同苦盡甘來之後，甜蜜的味道才能真正流淌到人的心裡。

你不希望自己被打倒，就不要做一個逆來順受的人，而應做一個主動承受的人。你覺得自己不幸，還有比你更不幸的人。當你自我哀憐的時候，別人正在用樂觀的態度接受命運的洗禮，以一種積極向上的姿態，為改變自己軌跡而努力。別小看那些看似微不足道的努力，正是這種態度，會讓你們的距離越來越大。

一個年老體衰的乞丐，攔住一個剛從豪華酒店走出來的富翁，他用卑微的語氣對富翁述說著自己的不幸。

富翁給了乞丐一百美金，打發乞丐離開。

乞丐覺得自己很幸運，連連感激富翁的慷慨。

乞丐對富翁講述了自己的不幸：

「命運對他開了多大的玩笑，他曾是附近化工廠的一名技術工人，但一場大火毀了他的生活，讓他失去了視力，變成一個卑微可憐的乞丐。他告訴富翁，在大火中，有一個身高體壯的年輕人和他一起逃生，但他不小心跌了一跤，身後的年輕人沒有救他，自顧自地逃了出去，而他被困在大火中，醒來後就失去了雙眼。」

富翁聽到這兒，激動地打斷了乞丐：「你說謊，你才是那個逃出去的人，你不但沒有幫助那個跌倒的年輕人，反而嘲笑地對他說：『瞧，這就是命運。』我就是那個跌倒的年輕人，我一直記得你說的話。」

乞丐沒想到居然遇到故人，羞愧得無地自容，繼而哈哈大笑：「這就是命運啊，我逃了出來，但仍然瞎了眼；沒逃出來的人，反而毫髮無損，變成了富翁。」

富翁這時恢復了平靜：「上帝是公平的，我也是個瞎子。」說完，坐上自己的豪華轎車，揚長而去。

生命中的每段經歷都蘊藏著一個自我提升的機會，如果你以為這一切都是對你的懲罰，逆來順受，那你將體會不到折磨中的快樂，感受不到幸運之神的召喚。改變你對生活的態度，相信自己。就像人們常說的那樣：心有多大，舞臺就有多大。

佛說：「在順境中修行，永遠不能成佛。」你要永遠感謝給你逆境的眾生，因為，只有在逆境中，我們才能得到磨練，提高自己的素養。逆境是成長必經的過程，能勇於接受逆境的人，生命定會日漸茁壯。

6 一沙一世界，一塵一劫

星雲大師認為：這個世界上充滿缺憾，甚多苦難，而人與一切眾生，不但能忍受其缺憾與許多苦難，而且仍有很多的人們孜孜向善，所以值得讚嘆，如果世界上沒有缺憾與苦難，自然分不出善惡，根本也無善惡可言，那應該是自然的完全為善，那就無可厚非、無所稱讚了。

在古印度的時候，常常發生水災或乾旱，因此，老百姓們常常過著忍饑挨餓的日子。

有一位婆羅門對此十分不忍，於是，他每天清晨都到廟裡去祈求梵天免除這些災難，讓人們過上富足安穩的日子。

他的虔誠終於感動了梵天，梵天來到婆羅門面前，婆羅門激動地叩拜在梵天的腳下說：「尊敬的梵天啊，您創造了這個世界，卻常常讓人間的土地乾旱或洪水成災，導致農民失去收成，現在大家都過著饑餓的日子，您怎麼忍心呢？還是讓我來教您點東西吧。」

聽完婆羅門的話，梵天並沒有因為他的不敬而生氣，他平靜地說：「那就請你教我吧。」

婆羅門說：「請您給我一年的時間，在這期間，您就按照我所說的去做，你就會看到世界上再也不會有貧窮和饑餓的事情發生了。」梵天答應了婆羅門提出的條件。

在這一年裡，梵天按照婆羅門的指示，沒有電閃雷鳴，沒有狂風暴雨，任何可能會對莊稼不利的自然災害都沒有發生過。在風調雨順的環境下，小麥的長勢特別喜人。

一年的時間轉眼就過去了，看到麥子長得那麼好，婆羅門又向梵天禱告說：「梵天您瞧，如果一直按照這樣的方法，十年後，人們就算不幹活也不會餓死了。」梵天只是在空中對著婆羅門微笑著，並沒有回話。

終於到了收割的時候，當大家興高采烈地割下麥子時，卻發現麥穗裡邊空蕩蕩的，什麼都沒有。

婆羅門非常驚慌，他又跑到神廟裡去向大梵天禱告說：「梵天呀，請您告訴我，這究竟是怎麼一回事啊？」

「那是因為小麥沒有受到任何打擊的緣故。這一年裡，它們過得太舒服了，沒受到過烈日煎熬，也沒經過風吹雨打，你幫它們避免了一切可能傷害它們的事情，這的確讓它們長得又高又好。但是，我的孩子，你也看見了，麥穗裡什麼都結不出來……」梵天微笑著回答說。

萬事順心是不利於成長的，過太舒服的生活會消磨你的意志，讓人的修養和學識停滯不前。只有忍受苦難，經受必要的錘煉，才能讓一個人走向成熟，擁有大智慧。

孟嘗君曾被齊王驅逐出境，後來孟嘗君重新得了勢，在他返回齊國的路上，在邊境遇到了一個叫譚拾子的齊國人。

譚拾子問他：「你恨不恨那些在你得勢時百般逢迎，而在你失勢時卻四散離去的人？」

孟嘗君心想：是啊，那些人真是令人討厭。於是點了點頭。

譚拾子說：「這個世上的人本來就是這樣，看見誰貧賤就遠遠避開他，看見誰富貴就向他靠攏。就像市集一樣，早晨的時候總是熙熙攘攘，到處都擠滿了人，到了晚上就空空蕩蕩，一個人也沒有。這不是人們愛早恨晚，而是根據需要來的，因此，希望你不要恨那些人！」

孟嘗君想了想覺得很有道理，便取出之前刻著那些自己痛恨的人的名字的木簡，用刀把它削掉了。孟嘗君寬容了那些趨利避害的勢利之徒，也為自己樹立了聲望，鞏固了地位。

「一沙一世界，一塵一劫」。也許一個人的一生就是一個禪，也是無止境的劫難。可是沒有人可以告訴我們，我們在真正成熟之前會經歷多少創傷，我們唯一可以做的就是坦然面對這些創傷，因為每經歷一種創傷，我們就會離成熟更近一步。

7 每一次苦難，都是一種收穫

星雲大師告誡說：「我們應該感謝苦難的光臨，珍惜苦難，才能帶給我們真正的收穫。汶川大地震曾讓整個汶川城變成了一片廢墟，離開的人讓我們知道生命是如此脆弱，而活著的人也讓我們看到生命還可以如此堅強。膽怯害怕是沒有任何意義的情緒，我們只有堅持，堅定地堅持下去，才能重建美好的家園。」

是苦難，將心與心的距離拉進，讓我們體會到了人間真情，讓我們讀懂了生命的可貴。面對苦難，我們應該感激它，感激它賜予我們機會，讓我們能夠更深刻地領悟人生，發現自己的價值，認清自己的缺點，指正自己的方向。要知道，在這個世界上，每一個人都在經歷著只屬於自己的苦難，每一個人都恪守著自身獨特的苦難歷程，用自己的方式活著，守護著屬於自己的命運。

世界上沒有一條路是重複的，也沒有一個人生是可以替代的。在追求夢想的道路上，任何一次苦難都是唯一的，它不會給你致命的打擊，只會給你無窮的動力，只要你善於在苦難中找尋收穫，在苦難中找到屬於你的方向，千萬別讓苦難戰勝你！

在一次在聚會上，艾頓向他的朋友回憶起他的過去，這其中有後來成為英國首相的邱吉爾。

艾頓說他出生在一個偏遠小鎮，父母早逝，是姐姐幫他洗衣服、幹家務，辛苦掙錢將他撫育成人。可是當姐姐出嫁後，姐夫便將他攆到了舅舅家。舅媽很刻薄，在他讀書時，規定每天只能吃一頓飯，還得收拾馬廄和剪草坪。剛工作當學徒時，他根本租不起房子，有將近一年多時間是躲在郊外一處廢舊的倉庫裡睡覺……

邱吉爾驚訝地問：「以前怎麼沒聽你說過這些呢？」

艾頓笑道：「有什麼好說的呢？正在受苦或正在擺脫苦難的

人，是沒有權利訴苦的。」

邱吉爾心頭一顫，這位曾經在生活中失意，痛苦了很久的汽車商又說：「苦難變成財富是有條件的，這個條件就是，你戰勝了苦難並遠離苦難，不再受苦。只有在這時，苦難才是你值得驕傲的一筆人生財富。」

艾頓的一席話，使邱吉爾重新修訂了他「熱愛苦難」的信條。他在自傳中這樣寫道：「苦難是財富，還是屈辱？當你戰勝了苦難時，它就是你的財富；可當苦難戰勝了你時，它就是你的屈辱。」

任何人的一生都不可能是一帆風順的，只有經得起苦難考驗的人生才是有價值、有意義的人生。在經受苦難的過程中，如果你還沒擺脫苦難的糾纏，請別說你正在享受苦難，這在別人看來，無異是在請求廉價的憐憫甚至乞討；也別說正在苦難中鍛煉堅韌的品質，別人只會覺得你是在玩精神勝利、自我麻醉！

每一份苦難，都可以是一種收穫。善待苦難，正視苦難，只有擁有承受苦難的意志，你才有可能真正地戰勝苦難，享受苦難給你帶來的收穫。

海頓出生於奧地利南方邊境風景秀麗的羅勞村。海頓的音樂天賦在他童年時就已顯露出來，加之天生的一副好嗓子，在八歲那年，他就被選進了多瑙河畔著名的海茵堡教堂和維也納的聖斯蒂芬教堂裡唱詩班。在這教堂裡，他像如魚得水一般地刻苦學習聲樂、鋼琴與音樂理論，從不放過每一次觀摩學習的機會。

可是從十六歲開始，他甜美的歌喉開始逐漸變得沙啞。有一次，奧地利女皇在欣賞聖斯蒂芬教堂唱詩班合唱時，突然聽到合唱隊裡傳出不協調的聲音，女皇當場諷刺他：「你的聲音聽起來好像樹梢上的烏鴉叫！」就因為女皇的這句話，海頓被唱詩班解雇，流落街頭。

流落街頭的海頓先後給貴族當過僕人，看過大門，當過郵差，擦過皮鞋……但窮困的生活並未使海頓對音樂失去信心，他格外珍惜這段難忘的經歷，並忘我地投入到各種街頭演奏、家庭重奏音樂會中，更加頻繁地接觸維也納的音樂，孜孜不倦地埋頭創作。

海頓的身材十分矮小，走在大街上，常常使那些音樂迷們懷疑：「這是否真是音樂大師海頓？」

音樂是沒有國界、沒有階層的，海頓其貌不揚的外表下有著一顆十分善良、純樸的心。

一次，有位屠夫為慶賀女兒的婚禮，懇請海頓說：「尊敬的大師，我最親愛的女兒即將舉行婚禮，能否請大師為婚禮寫上一首美麗的舞曲？這將是我和女兒莫大的榮幸。」

海頓果然在相約之日把完成的譜子交給了屠夫。

幾天之後，大師被窗外一陣熟悉的旋律所吸引，聽了半天才恍然大悟：「這不正是前幾日作的那首小步舞曲嗎？」

海頓的一生創作作品驚人，其中僅交響曲就多達一百零四部。正是憑著那十幾年的流浪生活，使他認識了人間的苦難，瞭解了平民的呼喚，滲透了大自然最真實的聲音。後人尊稱他為「交響樂之父」。

如果沒有女皇的諷刺，海頓的一生將改寫；如果海頓在十年的流浪生活中放棄了對夢想的追求，在苦難面前低下了頭，那麼世界上又將少了一位音樂家。

很多時候，苦難並不可怕，可怕的是你不敢正視它，不敢揭開苦難的面紗。真理和謬論往往只有一線之隔，每個人都會碰到，只有你自己才能真正地化苦難為動力。就像當你餓的時候，就算身邊的人幫你吃再多，你也不可能飽！

有一顆不怕苦難的心，發現苦難的價值，並伸手去抓住它，你的夢想才會離你越來越近。

8 未經十災八難，終難成人

星雲大師在著作《寬心》裡寫道：「欲成佛門龍象，先做眾生馬牛。」這說明，磨難是一個人成長的標誌，只有經過歷練的人才可以在紛雜的社會裡站住腳。每個人一生之中都會遇到很多磨難，只有把磨難當作考驗，才可以讓自己越來越堅強，從而活出自己的精彩。痛苦能讓一顆脆弱的心變得堅強，讓一個弱不禁風的身體變得強壯。只有經歷過痛苦和磨難的人生，才是真正的人生。

一個小和尚總覺得方丈對自己不公，因為方丈一連讓他做了三年誰也不願意做的行腳僧。

一天清晨，小和尚聽著外面滴答滴答的雨聲，心說：今天總算可以休息一下了。誰知方丈照常敲開他的房門，嚴厲地問他：

「你今天不外出化緣？」

小和尚不敢說是因為外面下雨，便和方丈打起了禪機。他故意走到床前一大堆破破爛爛的鞋子面前，左挑一雙不好，右挑一雙也不好。

方丈一看就明白了，說：「你是不是覺得我對你太嚴厲了？別人一年都穿不破一雙鞋，你卻穿爛了這麼多鞋子，而且今天還下著雨……」

小和尚點點頭。

方丈說：「那你今天就不用出去了，一會兒雨停了，隨我到寺前的路上走走吧。」

沒過多久，雨停了。寺前是一座黃土坡，由於剛下過雨，路面泥濘不堪。方丈拍著小和尚的肩膀，說：「你是願意做一天和尚撞一天鐘，還是想做一個能光大佛法的名僧？」

小和尚說：「當然想做名僧。」

方丈捻鬚一笑，接著問：「你昨天是否在這條路上走過？」

小和尚：「當然。」

方丈：「你能找到自己的腳印嗎？」

小和尚不解：「我每天走的路都是又乾又硬，哪裡能找到自己的腳印？」

方丈笑笑，說：「今天你再在這條路上走一趟，看看能不能找到自己的腳印？」

小和尚說：「當然能了。」

方丈又笑了，不再說話，只是看著小和尚。

小和尚愣了一下，隨即明白了方丈的苦心。

泥濘的路上才有腳印，雨後的天空才有彩虹。痛苦是最好的老師，成長路上的每次磨難，不僅是對一個人最好的考驗，也是一種潛在的饋贈。因為刀靠石磨，人靠事磨，唯有滾水才能喚起茶葉的香，唯有磨礪才能將璞石打磨成寶玉。

「沒有人能隨隨便便成功」，現實就是這麼殘酷，成功不會因為你已經付出許多而青睞你，它只會迎接那些在泥濘的道路上走出來的人。

現實給予了每個人享受快樂的機會，但同時也給予了你承受痛苦的能力，如果你不去承受痛苦，你就無法明白什麼才是真正的生活。

善靜和尚廿七歲時棄官出家，投奔至樂普山元安禪師門下，元安令他管理寺院的菜園。

有一天，一個僧人認為自己已經修業成功，可以下山雲遊了，就到元安那裡辭行。元安決心考他一考，便笑著對他說：「四面都是山，你往何處去？」

僧人猜不透其中禪理，無言以對，只好愁眉苦臉地往回走。路上經過寺院的菜園子，被正在鋤草的善靜發現，善靜就問他：「師兄為何苦惱？」

僧人把事情的來龍去脈告訴了善靜。

善靜略一思忖，便想到元安禪師所說的「四面都是山」就是暗指「重重困難」「層層障礙」，實際上是想考考這位師兄的信念和決心，可惜他參不透師父的心意。

於是，善靜笑著對僧人說：「竹密豈妨流水過，山高怎阻野雲飛。」暗示僧人只要有決心、有毅力，任何高山都無法阻擋。僧人如獲至寶，再次向元安辭行，並說：「竹密豈妨流水過，山高怎阻野雲飛。」

他滿以為師父這次肯定會誇獎他，准他下山。

誰知元安聽後先是一怔，繼而眉頭一皺，眼睛盯著僧人，肯定地說道：「這不是你的答案。是誰幫助你的？」

僧人無奈，只好說是善靜說的。

元安對那個僧人說：「善靜將來一定會有一番作為！多學著點兒吧，他都沒有提出下山，你還要下山嗎？」

世上沒有不可逾越的障礙，關鍵在於自身有沒有戰勝困難的勇氣和毅力。只要肯用心思考，辦法總比問題多。「沒有比腳更長的路，沒有比人更高的山」，明白了這一點，再大的困難在你面前都算不上困難；做到了這一點，困難也會為你感動，天地萬物都會助你一臂之力。

第六章

待人要厚道，佈施勿求報

你可以沒有學問，但不能不會做人。人難做，做人難。
在現今的社會，人要有表情、音聲、笑容，才會有人情味。
懂得感恩者，才會富貴。一點頭、一微笑、主動助人，都是無限恩典。
——星雲大師

1 先利人才能後利己

喬治・艾略特說：「如果我們想要更多的玫瑰花，就必須種植更多的玫瑰樹。」或許，生活本來就沒有不平凡的含義，而在於你如何看待它，如何對待它。

理智而達觀的人對別人不會期許太多，因為他明白：你如何對待別人，別人也會如何對待你。要走進別人的心靈，自己首先要敞開胸懷。微笑的面對世界，世界自然也笑著面向你。

星雲大師提到：中國有一句諺語說「和和氣氣生財旺」，的確，只有那些真正懂得友善的人，才能夠獲得更高的辦事效率，才能在更多方面獲得成功。

兩個釣魚高手一起到池邊垂釣。

這二人各憑本事，一展身手，沒過多久，兩人各有收穫。忽然間，池塘附近來了十多名遊客，他們看到這兩位高手輕輕鬆松就把魚釣上來了，十分羨慕，於是都到附近買了一些釣竿來釣魚。但這些不擅此道的遊客怎麼釣都沒有收穫。

那兩位釣魚高手的個性差異很大。其中一人性格孤僻，不愛搭理別人，單享獨釣之樂。另一位卻是個熱心、豪放、愛交朋友的人，他看到遊客釣不到魚，說：

「我來教你們釣魚吧！如果你們學會了我傳授的訣竅，釣到了一大堆魚，那就每十尾分給我一尾，不滿十尾則不必給我。」

雙方一拍即合。教完這一群人，他又到另一群人中，同樣也傳授釣魚的技巧，依然要求每釣十尾回饋給他一尾。

一天下來，這位熱心助人的釣魚高手把所有時間都用在指導垂釣者身上。雖然他自己沒釣成魚，可他卻獲得了滿滿一大筐魚，還認識了一大群新朋友，被他們左一聲「老師」右一聲「老師」地叫著，備受尊崇。

同來的另一位釣魚高手卻沒有享受到這種助人的樂趣，當大家圍繞著他的同伴學釣魚時，他就更加孤單落寞了。悶釣了一整天，他檢視竹簍裡的魚，收穫遠沒有同伴多。

在生活中，我們都希望得到別人的支持和理解，更希望得到別人的關心。其實，幫助別人就等於幫助自己，我們生活在一個大集體中，沒有人能孤立地存在，有時也需要別人的幫助。這時，站出來幫助我們的往往就是那些我們曾經幫助過的人。因此，不要吝嗇，不要小氣，多幫幫別人，一聲問候，一個鼓勵的眼神，一句讚美的話，都會給他人帶來快樂，也會給你帶來意想不到的收穫。

「知恩圖報」「感恩戴德」「結草銜環」……這些傳統詞彙及表達出來的道德心理，無不規勸著我們要學會「幫助別人」的做人做事方法。只有掌握了這種方法，我們才能成為把握事情進退的掌控者。

當然，幫助不能一次給盡。《菜根譚》中有言：「待人而留有餘地，不盡之恩禮，則可以維繫無厭之人心；御事而留有餘地，不盡之才智，則可以提防不測之事變。」這是說，與人恩惠，應漸漸施出，要留有餘地，人心貪婪，最不知足，餘下的恩禮可以維繫和保持與這些人的關係；做事情要留有餘地，用一部分心力作善後考慮，這樣可以提防意外變故。所以，給他人幫助時，要做得自然，不要太過直露，更不能表現得太過功利，要掌握好分寸，在不知不覺中讓對方感覺到你的好處，成為你的知己，進而願意為你提供他能提供的一切幫助。

有句名言說：「一滴蜂蜜比一加侖膽汁能捕捉到更多的蒼蠅。」人際關係也是如此，如果你想讓對方按照你的意思辦事，你就要友善地對待對方，並使對方相信你是友善的。對方在接受了你的友善後，心裡會對你產生虧欠感，從而接受你的請求或者觀點，進而走在你為他鋪設的道路上。

《詩經・大雅・抑》中曾說：「投我以桃，報之以李。」友善會孕育同樣的友善，當你向對方施以友善的行為後，能加重對方內心的虧欠感，這會讓對方更易接受你所提出的觀點和請求，進而推動事情向你想要的結果發展。

2 好人緣者行天下

生活在廿一世紀，不管你是誰，都不能逃脫關係的影響力。關係的重要性，怎樣強調都不過分。假如我們把人際關係比作大腦的神經網路，那麼其中的每個人就是一個神經元：突起的越多，與周邊的聯繫就越多，也就比別人更加靈敏，從而更加容易走向成功。

星雲大師在《談處世》裡這樣說：「你可以沒有學問，但不能不會做人。人難做，做人難。在現今的社會，人要有表情、音聲、笑容，才會有人情味。懂得感恩者，才會富貴。一點頭、一微笑、主動助人，都是無限恩典。」我們面帶笑容，看在對方眼中，那抹微笑是發光的；我們口出讚嘆，聽在對方心底，那句讚美是發光的；我們伸手扶持，受在對方身上，那溫暖的一握是發光的；我們靜心傾聽，在對方的感覺裡，那對耳朵是發光的。因為發心，凡夫眾生也可以有一個發光的人生。

好的領導者習慣於架構人緣，他們知道人緣是個人成長、企業成事的重要條件與資源。人緣構架起人與人、群體與群體、企業與客戶、企業與企業之間的互動。為了企業的發展，任何一個領導者都少不了「關係管理」。西方國家的企業管理者常常邀請其他企業的管理者加入自己的董事會，這樣做不僅僅能夠拓寬眼界，也能得到意想不到的助力。

在十分的工作裡面，有九分是做人，一分是做事。認為在專業領域不需要關係的觀點是錯誤的。就拿唱片業為例，最專業的要數製作人和詞曲創作。除非你很知名，否則不可能會有人自動求上門，不善交際的你，難道真的奢望「酒香不怕巷子深」嗎？越是專業的人往往越內向，所以他們需要找專門人士幫忙推銷自己，比如說經紀人，否則，即使關門在家寫了一百首好歌，也不會有人聽到。

曾經擔任美國總統的羅斯福說：「成功的第一要素是懂得如何搞好人際關係。」的確如此。

在美國，曾有人向兩千多位雇主做過這樣一個問卷調查：「請查閱貴公司最近解雇的三名員工的資料，然後回答：解雇的理由是什麼？」結果，無論是什麼地區、何種行業的雇主，三分之二的答覆都是：因為他們和同事搞不好關係。

曾任美國某大鐵路公司總裁的Ａ・Ｈ・史密斯說：「鐵路的百分之九十五是人，百分之五是鐵。」

美國成功學大師卡內基經過長期研究得出結論：「專業知識在一個人成功中的作用只占百分之三十，而其餘的百分之七十取決於人際關係。」所以說，無論你從事何種職業，處理好了人緣，就等於在成功的路上走了百分之七十的路程，在個人幸福的路上走了百分之九十九的路程。

也難怪美國石油大王約翰・洛克菲勒會說：「我願意付出比得到任何其他本領更大的代價來獲取與人相處的本領。」

因此，要成功，就一定要營造一個利於成功的人際關係，其中包括家庭關係和工作關係，同樣，與同事、上司及雇員的關係也是會影響到我們事業成敗的重要原因。一個沒有良好人際關係的人，即使他再有知識，再有技能，也很難得到施展的空間。

3 助人助心，自立者方能自強

我們有時看來一些理所當然的善舉，卻會傷及一些忌諱「同情」的人的心。是的，在貧富成敏感話題的今天，你要小心一些「同情」意味的舉動。我們生活裡，經常會不知不覺地傷害到別人的自尊，自尊有時就像是一個玻璃器皿，很脆弱，需要小心維護。所以，我們在做事、說話的時候，不能只顧及自己的感受，還要想想會不會無意間碰傷別人的自尊。

星雲大師認為，所謂「智慧地助人」，就是不帶給被助者卑微感受的幫助。

有一次，一位商人把一枚硬幣丟進了一個衣衫襤褸的賣鉛筆人的杯子裡，便匆忙踏進了地鐵站。

過後，他想了一下，覺得這樣做不妥，於是又跑出來，走到賣鉛筆人那裡，從杯中取走了幾枝鉛筆。他抱歉地解釋說，他在匆忙中忘記了帶走鉛筆，希望不要介意。他說：「畢竟，你跟我一樣都是商人。你有東西要賣，而且上面也有標價。」說完又衝進了地鐵站。

幾個月後，在一個隆重的社交場合，一位穿著整齊的推銷員走到這個商人面前，並自我介紹說：

「你可能已經忘記我了，而我也不知道你的名字，但我永遠忘不了你，你就是那個重新給我自尊的人。我一直是一個銷售鉛筆的乞丐，直到你跑來告訴我，我是一個商人。」

說來有趣的是，後來正是這位昔日的乞丐，幫助這位商人把積壓的商品推銷了出去，還賺了不少錢。

助人的方式有很多種，古人說「授人以魚，不如授人以漁」，可是當人們真正做善事的時候，又有幾個人真的考慮過被助者的心理？

喬治只是英國一家手工作坊的小業主。很不幸，一場經濟危機使他陷入了困境，產品賣不出去，資金周轉不開，物價暴漲，他面臨著破產的危機。

友人紛紛勸他趕快裁員，以減輕經濟負擔。喬治思考良久，終於作出決定，準備採用友人的建議。

不知怎麼，消息傳到了老喬治的耳朵裡。第二天清晨，老喬治來到辦公室，勒令他收回成命。喬治不服，老喬治便當場解除了喬治的職務。

中午，老喬治走進工人的餐廳，看見大家一臉憔悴，碗裡是白水煮的青菜和幾片豆腐，便立刻從街上的小餐館花三英鎊買回了兩碗紅燒肉，端進餐廳，哽咽著動情地說：

「兄弟們，你們受苦了。現在，我已解除了喬治的職務，並且從今以後，每天中午我和你們一起吃飯——當然，價值三英鎊的紅燒肉必不可少！」工人們歡呼起來。

那時候，三英鎊還是個不小的數目，每天三英鎊，所帶來的效益卻是無法用具體的資料計算的。

工人們因為心存感激，拼命幹活，努力降低成本，竟然使這個手工作坊慢慢渡過了難關，又一步步發展壯大，最終成為英國一家著名的電器公司，擁有的資產超過千萬英鎊。

從老喬治樸素的語言和行為裡，我們可以看出一些經營之道：從小事做起，從最打動人心的角度入手。可以說，他創造了一個奇蹟。

假如讓人性的醜惡循環下去而不加以扼制，那麼所有美好的東西也將會成為醜惡的殉葬品。如果一個人在自己困難的時候還記得向別人施恩，這才是真正的施恩，才能獲得別人發自內心的尊重與報答。

4 晴天留「人情」，雨天好「借傘」

星雲大師認為，雪中送炭、分憂解難的行為最易引起對方的感激之情，進而形成友情。人與人之間的關係會隨著平時聯繫的增加而逐漸加深，平常多主動與人溝通，多主動關心別人、幫助別人，能夠加深彼此間的感情。因為人對雪中送炭之人總是懷有特殊的好感。

星雲大師的一位朋友告訴他：「我有一位朋友，我每次需要幫助的時候，他一定會出現。例如，我有急事要用車或上班快遲到時需要用車，只要打個電話，他一定到，可以說每求必應，事情一過去，我們又各忙各的。到過年過節的時候，我總是忘不了給他寄一張賀卡，發短信給他拜個年。」

關羽在華容道放走曹操，是眾所周知的事情。關羽一直忠於蜀國、對劉備義氣當前的果敢英雄，為何會在如此重要的戰場上，放走日後有可能滅蜀、殺自己的曹操呢？

提到此事，還要追溯到建安五年正月，曹操親自征討劉備，在其攻陷下邳、迫降關羽後，鑒於關羽智勇雙全，試圖勸其歸降於自己。為了拉攏關羽，曹操拜其為偏將軍，封漢壽亭侯，對關羽的照顧無微不至。

後來，關羽斬殺顏良逃離了曹操，曹操手下的將士聞後，要去追趕，曹操勸阻說：「彼各為其主，勿追也。」正因為曹操先前的「至仁至義」，所以一向視義氣為生命的關羽才會在關鍵時刻放走曹操。

曹操和關羽之間的交情，現代人將其定上了「人情」這樣的名詞。從心理學上講，曹操在其有權有勢的時候施恩於關羽，因此當其在華容道落難後，曾對關羽說：「素聞關將軍是有情有義之人，昔日我曾對你有恩，你怎可砍殺有恩之人？」關羽雖然猶豫不決，但最後還是念在「人情」的分上，放走了曹操。

對於身處困境的人，如果你能在能力允許的範圍之內給予對方適時適當的幫助，將會產生雪中送炭的功效。於對方而言，你的舉動也許會讓其永生難忘。這樣，當你有求於對方時，對方便會心甘情願地幫助你，在你的雨天裡，為你撐起一把傘。

人與人之間的「人情」就是這種微妙且有規律的東西。當有人覺得虧欠你「人情」時，常會想方設法地還給你。此時，如果你有求於對方，對方會很樂於接受你的請求。而人情的影響力也有一定的時機性，在他人危難之際，你一分關心比平日十分關心的影響力都大。例如，當有人在貧困潦倒時你給他一個麵包，遠比在他富裕時給他一根火腿更能積累人情。

> 三國爭霸之前，周瑜並不得意。他曾在軍閥袁術部下為官，被袁術任命做過一回小小的居巢長。
>
> 當時，地方上發生了饑荒，兵亂又使糧食問題變得日漸嚴峻起來。居巢的百姓沒有糧食吃，就吃樹皮、草根，很多人被活活餓死，軍隊也餓得失去了戰鬥力。

周瑜作為地方的父母官，看到這悲慘情形急得心慌意亂，卻不知如何是好。

這時，有人向他獻計，說附近有個樂善好施的財主叫魯肅，他家素來富裕，想必一定囤積了不少糧食，不如去向他借。

於是，周瑜帶上人馬登門拜訪魯肅。寒暄完畢，周瑜就開門見山地說：「不瞞老兄，小弟此次造訪，是想借點糧食。」

魯肅一看周瑜丰神俊朗，顯而易見是個才子，日後必成大器，頓時生出了愛才之心。他不在乎周瑜現在只是個小小的居巢長，哈哈大笑說：「此乃區區小事，我答應就是。」

魯肅親自帶著周瑜去查看糧倉，痛快地說：「別提什麼借不借的，我把其中一倉送你好了。」

周瑜及其手下一聽他如此慷慨大方都愣住了。要知道，在如此饑荒之年，糧食就是生命啊！周瑜被魯肅的言行深深感動，兩人當下就結成了朋友。

後來，周瑜受到孫權的重用，當上了將軍。他牢記魯肅的恩德，將他推薦給了孫權，魯肅因此得到了幹一番事業的機會。

若你平時在與人相處時能更主動地付出自己的理解和關心，主動積極的關懷，那麼當你有困難或者有求於對方時，對方常會因為感念你平日的付出而對你有所回報。

而對於久不見面、久不溝通、久不相互關心和幫助的人而言，彼此間的關係會因為缺少溝通而日漸疏遠。若你在遭遇困難或者需要幫助時才想到求助他人，即使對方有心想幫你，但一想到你平日的疏遠和冷漠，想要幫助你的想法也會因此而淡薄，甚至會產生反感情緒，進而不願意接受你的意見或者懇求。

5 富貴從佈施中來

佛家有言：「富貴從佈施中來」。是的，佈施能夠讓人感到快樂，感到祥和與安寧。

星雲大師在談到佈施時，說了這麼一個故事：

有一位善生長者，一個偶然的機會，他得到了世界上最稀有、最寶貴的旃檀香木做的金色盒子。

善生長者並沒有把這個價值連城的寶貝私藏起來，而是到處與人分享、宣揚說：「我要把這稀有的寶貴東西，贈送給世間上最貧窮的人。」

於是，全國很多貧窮的人蜂擁而至，有乞丐、殘疾、孤寡等各種受苦的人，他們紛紛向善生長者講述自己的不幸和生活的艱辛，想要證明自己就是世間最貧窮的人，以便得到這個值錢的寶貝。

善生長者對每一個前來討寶盒的人說：「你還不是世界上最貧窮的人！」

很快，全國各地的窮人都來到了善生長者的住地，但善生長者一點兒也沒有交出寶盒的意思。

大家議論說：「他根本沒有誠心把這金色盒子送給別人。」

善生長者聽到大家的議論後出來說道：「我告訴你們，世界上最貧窮的人不是別人，他就是我們的國王波斯匿王，他才是世界上最貧窮的人。」

這個消息很快就傳到了波斯匿王的耳裡。

波斯匿王非常不高興：「哼！我是一國之君，怎麼可以說我是世界上最貧窮的人呢？去，把善生長者給我抓過來！」

波斯匿王把善生長者帶到收藏珍寶的庫房裡，問善生長者：

「你知道這是什麼地方嗎？」

善生長者說：「這是收藏黃金的金庫。」

「那個是什麼地方呢？」

「那是收藏銀子的銀庫。」

「那是什麼地方呢？」

「那是珍藏珠寶的寶庫。」

波斯匿王大聲責問道：「你既然知道我有這麼多財寶，怎麼可以在外面散佈謠言，說我是世界上最貧窮的人呢？」

善生長者笑道：「陛下，您確實有很多財寶，但您是管理國家的國王，不是管理庫房的管家，何必炫耀這些財寶呢？國家的強盛是您的家業，人民的貧富是您的衣裳，百姓的毀譽是您的臉面。您的庫房堆滿金銀，百姓卻生活在水深火熱之中。您的國家有這麼多乞丐、殘疾、孤寡等各種受苦的人，是他們讓我以為他們的國王也是一個衣衫襤褸、滿臉污穢的人。」

波斯匿王滿臉慚愧地說：「你說得沒錯！」說完當即下令，把倉庫裡的財寶拿出去救濟那些窮苦的人。

從那以後，波斯匿王不論走到哪裡都受到人民的尊敬和愛戴。

很多著名的大企業家都非常善於用餘財熱心資助慈善、公益事業，但上帝並沒有因為他們的樂善好施而使他們變得貧窮，反之，任何時候，他們所擁有的都比普通人多，在事業上也得到了更大更高的回報。

在中國古代，范蠡便是一位樂善好施者。兩千多年來，人們一直奉范蠡為商業鼻祖，其中的原因除了他寶貴的經濟思想之外，更重要的原因是范蠡能「富好行其德」。

范蠡一生三次遷徙，每到一地，他都憑智慧賺錢，曾三擲千金。他賺錢的「秘訣」就是散財，他賺到的錢財皆用來資助親友鄉鄰，真可謂是「千金散盡還復來」。

曾有人說：「收藏在自家錢櫃裡的金錢閃光，只能吸引它的擁有者毫無價值的注意力，正如螢火蟲的閃爍光輝也只能把自己暴露給牠的捕捉者。」是的，再珍貴的東西，如果得不到使用和發揮，就如同一堆破銅爛鐵般，等著發黴生銹。

錢財乃身外之物，死守著能有什麼意義呢？當死神來臨的時候，你不可能帶走一分一毫，有再多的家產也買不回一秒鐘的生命。

鋼鐵大王安德魯・卡內基也說過：「如果一個人到死的時候還有很多錢，那麼他實在死得很可恥。」

可見，佈施是另一種投資方式，比直接把錢放入銀行要高明得多。捨出一部分錢財，能夠獲得更多比錢財更加珍貴的東西。因為樂善好施使得受施者擺脫了困境，使自己獲得了快樂。

6 佈施貴在心無私

佛經中這樣講述佈施的好處：「以悲心佈施，能遠離殺害逼迫；以喜心佈施，能遠離憂愁苦惱，無所畏懼；以捨心佈施，心無掛礙；以清淨心佈施，得無上智慧。」

一個窮人跑到釋迦牟尼佛面前哭訴：「我無論做什麼事都不能成功，這是為什麼？」

佛告訴他：「這是因為你沒有學會佈施。」

這個人說：「我是個窮光蛋，拿什麼佈施呀？」

佛說：「一個人即使沒有錢也可以給予別人七樣東西：

一是顏施，你可以用微笑與別人相處；

二是言施，對人多說溫柔、安慰、謙讓、稱讚和鼓勵的話；
三是心施，敞開心扉，誠懇待人；
四是眼施，以善意的眼光去看別人；
五是身施，以行動去幫助別人；
六是座施，乘船坐車時將自己的座位讓給別人；
七是房施，把自己空閒的房子提供給別人休息。
無論是誰，只要有了這七種習慣，好運就會如影隨形。」

星雲大師說：只要你願意，你現在就有無限的財富可以做佈施。從家庭到社會，一句安慰的話，一句關心的話，一句理解的話，一句包容的話；一顆感恩的心，一顆慈悲的心，一顆隨喜的心；扶走路困難的老人一把，拉摔跤的人一把，幫無法自力的人一把……一個動作，一個眼神，一種態度，一些熱情……這些有時比錢更重要，比物質更需要。誰都有無限的財富可以佈施。

有一座寺廟位於半山腰，這家寺廟的香客很多，來來往往很是熱鬧。香客來寺廟拜佛許願的同時，都會留下一些錢財作為「香油錢」供奉佛祖。

這天，來了一個乞丐，他參拜完佛祖之後，向著盛放「香油錢」的匣子走過去，他沒有放錢，只是往裡面放了一束野花。旁邊的小和尚看見了剛要阻止，身旁的另一個和尚悄悄地拉了拉他的衣袖，低聲對他說：「這鮮花也是香油錢。」

小和尚對這話並不是很明白，但是也沒有多說什麼。

到了晚上快要睡覺的時候，他又想起了白天的事，於是就拿著那束鮮花來到師父的房間。

師父看著鮮花，沒有問小和尚任何話，只是面露微笑。

小和尚剛想要開口問師父，但看著師父的笑容，突然了悟了：供佛不一定非要用金錢，一束野花能讓人心生愉快，不也是一份虔誠的佛心嗎？

佛講，有三種人雖然不一定佈施自己的財物，但只要有「淨心」，同樣也會有施福：

第一種，你受委託人之派遣，拿著他的財物去佈施。你的發心、動機，出於和那個施主同樣的「淨心」，你也同樣有佈施的功德。

第二種，自己雖無能力佈施，看到別人肯佈施，由衷地感到高興，或也盡己所能，助上一份，這也同樣有施福。不是像社會上有些人，看到人家做好事，心存嫉妒，甚至雞蛋裡挑骨頭，散佈流言蜚語。

第三種就是勸人多做佈施，同自己拿出東西做佈施一樣，都可以得到佈施的福報。

幫助別人並不是要你一定要做些「驚天地，泣鬼神」的大事，做一些力所能及的事也能幫到別人，而且不會給我們帶來任何負擔。只要我們人人都多一點愛心，多一點善心，這個世界會變得更加美好。

7 合理地取悅他人，也是一種佈施

星雲大師說：「一提起取悅二字，人們總會首先想到阿諛奉承、溜鬚拍馬之流。但是，這只是對取悅的狹義理解，廣義的取悅，是人與人之間相互愉悅心理的互動過程。」

取悅無處不在，女為悅己者容；男人為了女人歡心說盡甜言蜜語；上司的褒獎與肯定；朋友之間的相互鼓勵……總之，取悅別人的言行無處不在。

一個外交家在寫給兒子的信中說：在這個世界上，所有的人在本質上都喜歡別人討好自己，每個人都有弱點，都有可笑而天真的虛榮心。

比如說，男人總希望別人誇讚他比別人更有智慧，而女人總希望讓人覺得自己更漂亮。這些念頭雖然錯誤，但對他們來說是愉悅的，也不會傷害他人。所以，寧可讓他們沉浸在快樂之中，成為自己的朋友，也不要老老實實地揭穿他們的虛榮，為自己樹敵。

如果你想贏得某些人對你的友誼和關愛，不管是男是女，你都要努力去發現他們身上的優點和缺點。對於自己不能確信又想擁有的長處，若是能聽到別人的恭維，他們必定會非常高興。比如，女人最關心的就是自己是不是漂亮。在這方面，千萬不要吝嗇你的讚美之詞。

幫助他人，能給你心靈帶來更多的快樂和更大的滿足，讓你的心中充滿愜意。

亞里斯多德將這種人生態度稱為：「有益於人的自私」。

愛默生說：「人生最美麗的補償之一，就是人們真誠地幫助別人之後，同時也幫助了自己。」

佛蘭克林的說法更是直截了當：「當你善待他人時，也就是正在善待自己。」

你希望別人怎樣待你，你就應以同樣的方式對待別人。取悅他人，博取他人好感最實用的方法和準則就是「投之以桃，報之以李」。給，就是一種捨，我們在給別人的時候，就是在捨自己的某些東西，如時間、精力、關懷、財物等，而這些捨，同樣會使我們得到。

讓別人有愉悅的感受固然可取，但不能挖空心思地投其所好。適度取悅他人，是一種禮貌、一種氣度、一種聰慧；千萬不要與拍馬奉承、違心恭維、逞強賣弄混為一談。合理地取悅他人的潛能，你自己也將獲得愉悅。

8 要有不求回報的清淨心

你總是期待別人為你做些什麼嗎？或是，經常質疑自己付出那麼多，為何卻沒有人願意為你付出嗎？

星雲大師在談到佈施和回報時這樣認為：很多人以為自己付出了許多，別人理應也為我們付出，只是就算人們給了回饋，卻還是達不到他們所預期的，於是從他們嘴裡聽見的，總還是那一句：「人心現實。」真的是人心現實，還是我們貪圖太多？仔細想想，別人又應當為我們做些什麼呢？

在一個陰暗漆黑的夜晚，一個遠行尋佛的苦行僧，走到了一個荒僻的村落中。

灰暗的街道上，村民們正在默默地走著。

苦行僧轉過一條巷道，看見有一門昏黃的燈光正從巷道的深處靜靜地亮過來。

身旁的一位村民說：「瞎子過來了。」

苦行僧看到了瞎子一步步緩來，但心中百思不得其解：一個雙目失明的盲人，白天和黑夜對他而言根本沒有差別，他卻挑著一盞燈籠，這不是多此一舉嗎？

那燈籠漸漸靠近了，昏黃的燈光漸漸從深灰暗巷移游到僧人的芒鞋上。

百思不得其解的僧人問：「敢問施主真的是一位盲者嗎？」

那挑燈籠的盲人告訴他：「是的，從踏進這個世界，我就一直雙眼混沌。」

僧人問：「既然你什麼也看不見，那你為何挑一盞燈籠呢？」

盲者說：「現在是黑夜吧？我聽說在黑夜裡沒有燈光的映照，滿世界的人都會和我一樣是盲人，所以我就點燃了一盞燈籠。」

僧人若有所悟：「原來您是為別人照明？」

那盲人卻說：「不，我是為自己！」

為你自己？僧人又愣了。

盲者緩緩地問僧人說：「你是否因為夜色漆黑而被其他人碰撞過？」

僧人說：「是的，就在剛才，還被兩個人不留心撞到過。」

盲人聽了，得意地說：「但我沒有。雖說我是盲人，什麼也看不見，但我挑了這盞燈籠，既為別人照亮兒，也更讓別人看到了我自己，這樣，他們就不會因為看不見而撞到我了。」

苦行僧聽了，頓有所悟。

他仰天長嘆說：「我天涯海角奔波著找佛，沒有想到佛就在我的身邊，人的佛性就像一盞燈，只要我點亮了，即使我看不見佛，但佛卻會看到我。」

是的，點亮屬於自己的那一盞生命之燈，既照亮了別人，更照亮了自己；只有先照亮別人，才能夠照亮我們自己。

有位熱心助人的朋友曾說：「每當別人說『真不好意思麻煩你了，如果你以後需要幫忙，我一定義不容辭』，這反而讓我更不好意思。其實能付出，代表著我有能力，有餘裕，一切都是充足的，開心都來不及，哪裡還會想著麻煩？開心，就是他們給我的最好收穫。」

多棒的知足心！更進一步想想，在這個功利社會裡，真正能取悅自己的人，始終還是你自己！所以，希望看見回饋收穫，想得到別人付出的心意，其實不必等待，看見他們開心滿足，知道自己有多餘的能力付出，這不正是最好的回饋收穫嗎？

不要把佈施出的人情總掛在嘴上，那樣會顯得你很小氣。做足了人情，給夠了面子，你該坐享其成，但千萬不要誇大其詞，最好不誇功，甚至可以不認帳。

你不認帳，並不等於朋友不清楚。你記著我的好處，我記著你的好處，將來怎麼辦，你我心裡有數。

張揚除了讓別人稱讚一句「這個人很能幹」，只能給你帶來一些不利：首先，得罪了請你辦事的朋友，他會覺得你是在眾人面前貶低他；其次，你會讓聽的朋友討厭，他們也會想：這朋友怎麼這樣，以後我可不求他，說不定將來也會說出去。

管好自己的嘴巴，事情已經過去了，該怎麼做還是怎麼做，總有一天，真正的朋友會好好回報你的。如果對方無意回報，即使你每天對他說一百遍，也無益處。

七修

第七章

心內無煩惱，自在樂逍遙

禪者有一顆「美心」，所謂「心美，一切皆美」，這個「心美」就是禪。
懂得欣賞，平凡枯燥的生活也有它的溫馨，
身處嘈雜的鬧市之中也能感覺很美；
不懂得欣賞，身處人間仙境也會覺得毫無趣味。
——星雲大師

1 參透得失的本質

人生總是有得有失，有的人很貪心，想把一切都攥在手裡，失掉了任何一樣都會不開心，這是因為沒有參透得失的本質。

星雲大師說，我們在得失之間要有一顆平常心，要以「得之我幸，失之我命」的坦然去樂觀面對整個人生。

有一天，無德禪師正在院子裡鋤草，迎面走過來三位信徒。

信徒們先是向他施禮，然後說：「人們都說佛教能夠解除人生的痛苦，但我們信佛多年，卻並不覺得快樂，這是怎麼回事呢？」

無德禪師放下鋤頭，慈祥地看著他們說：「想快樂並不難，首先要弄明白人為什麼活著。」

甲說：「我母親今年八十多了，身體不好，我總是擔心她離我而去。」

乙說：「我要沒日沒夜地幹活，才能夠養活一家老小，我感覺很累，一點都不快樂。」

丙說：「我今年都快三十歲了，卻連個功名都沒考上，全家就指望我高中，可我卻屢屢失敗。」

聽了三人的訴說，無德禪師停下了手裡的活，想了想，說道：「難怪你們不快樂，因為你們總是在計較失去的東西，總是在意生活裡不好的一面。」

無德禪師先對甲說：「你的母親身體不好，你要好好照顧，可你家上個月不是新添了一個女兒嗎？這難道不讓你覺得高興嗎？」

接著對乙說：「你每天工作很累，但你有一份正經的工作，在村子裡首屈一指，能跟家人享受天倫之樂，這難道不讓人高興嗎？」

最後對丙說：「村子裡每一塊匾都是你題的字，你讀書最多，識遍天下，縱覽古今，這難道不讓人高興嗎？」

三人聽後都恍然大悟，謝過禪師而去。

有一位哲人說：「世界上有兩種人，他們的健康、財富以及生活上的各種享受大致相同，結果，一種人是快樂的，而另一種人卻得不到快樂。」杭州靈隱寺中有一副對聯，上聯是「人生哪能多如意」，下聯是「萬事但求半稱心」。若是因為失去了身外之物而丟掉自己的好心情，那就太得不償失了。

在人生的道路上，每個人都在不斷地累積著令自己煩惱的東西，包括名譽、地位、財富、親情、人際關係、健康、知識、事業等。這些東西壓得人們喘不過氣來，使人們失去了原本應該享受的樂趣。

有個富人，他每天都很不快樂，聽說在偏遠的山村裡有一位得道高僧，他便把所有家產換成了一袋鑽石，前去拜訪高僧，尋求快樂之法。

他對高僧說：「人們說你無所不知，請問在哪裡可以買到快樂的秘方呢？」

高僧說：「我這裡的快樂秘方價格很貴，你準備了多少錢，可以讓我看看嗎？」

富人把裝滿鑽石的錦囊拿給高僧，沒有想到高僧連看也不看，一把抓住錦囊，跳起來就跑掉了。

富人非常吃驚，四下又無人，只好自己追趕高僧，可是跑了很遠也沒有見到高僧的身影，他累得滿頭大汗，在樹下痛哭。

正當富人哭得厲害之時，他突然發現被搶走的錦囊就掛在枝丫上。他取下錦囊，發現鑽石還在。一瞬間，一股難以言喻的快樂充滿全身。

高僧從樹後走出來，說道：「凡人不懂得得與失的平衡，自以為失要痛哭，得要歡喜，拋卻了這種觀念，你才能真正的快樂。」

富人叩謝禪師，回去之後開始勞動，每天都過得很快樂。

人生最大的障礙和不自在，就是受外界的牽制，對外在虛假地認同而破壞了我們心靈的統一。絕對的本體是超越了時間、空間和因果律的範疇。「眾生由其不達一真法界，只認識一切法之相，故有分別執著之病。」

人們總喜歡羨慕別人擁有自己沒有的，卻忽略了自己所擁有的。記住，我們每個個體之所以存在於世界上，自有它存在的意義；每一個人都擁有自己的優點和長處，也有自己的缺點和短處。因此，安心做自己的人，才是智慧的人。

2 不捨一株菊花，哪得一村菊香

生活是：付出──收穫──付出。

這是一個往復循環的過程，在整個循環過程中，付出是前提，收穫是結果。假如你不捨小，就不可能得大。

一位老禪師在院子裡種了一株菊花。第三年的秋天，院子成了菊花園，香氣一直傳到了山下的村子。

凡是來寺院的人們都忍不住讚嘆：「好美的花兒呀！」

一天，村子裡有個人開口向老禪師要幾株花種在自家的院子裡，老禪師答應了。

他親手挑選了開得最豔、枝葉最粗的幾棵，挖出了根鬚送到那個人的家裡。

消息很快傳開了，前來要花的人接連不斷。在老禪師的眼裡，這些人一個比一個知心，一個比一個親近，所以都要給。不多時日，院子裡的菊花就被送得一乾二淨了。

沒有了菊花，院子裡就如同沒有了陽光一樣寂寞。

秋天的最後一個黃昏，有個弟子看到滿院的淒涼，忍不住地嘆息道：「真可惜！這裡本來應該是滿院花朵與香味的。」

老禪師笑著說：「這不是更好嗎？三年之後將一村菊香。」

「一村菊！」弟子不由得心頭一熱，看著師父，只見他臉上的笑容比開得最美的菊花還要燦爛。

老禪師告訴弟子：「我們應該把美好的事物與別人一起共用，讓每一個人都感受到這種幸福，即使自己一無所有了，心裡也是幸福的。」

不捨一株菊花，哪得一村菊香？沒有小捨，怎麼可以得到更多？

星雲大師在講解這個故事時說，捨，看起來是給人，實際上是給自己。給人一句好話，別人才會回你一句讚美；給人一個笑容，別人才會對你回眸一笑。捨和得的關係，就如同因和果，因果是相關的，捨與得也是互動的。

「流水不腐，戶樞不蠹」的道理歷來為人所熟知，人生的很多東西也是如此，只有讓它流轉起來，才能保證它的順滑和活躍，進而增加你的所得和幸福。

其實，捨也分為兩種，一種是放棄，一種是給予。前一種是睿智，後一種大度，都是智慧，都是說易行難的。每個人都有心頭好，都知道君子不奪人所愛，但是把自己的所好、所愛給予別人，或者是放棄，是最難的。老子曾經說過：「天之道，損有餘而補不足。人之道，損不足而奉有餘。」人之道之所以不同於天之道，正是因為人之道只想得，不想捨；而天之道要捨，不是得。

漁人在捕魚，一隻蔦鳥飛下，叼走了一條魚。有無數隻烏鴉看見了魚，便聒噪著追逐蔦鳥。蔦鳥不論飛到哪裡，烏鴉都緊追不捨。

蔦鳥被追得疲憊不堪，心神渙散時，魚從嘴裡掉了下來。那群烏鴉朝著魚落下的地方繼續追逐。蔦鳥如釋重負，棲息在樹枝上，心想：我背負這條魚，讓我恐懼煩惱；現在沒有了這條魚，反而內心平靜，沒有憂愁。

就像蔦鳥體會到的一樣，有捨才有得。生活中任何事都是一體兩面的，就看你如何取捨。

小捨小得，大捨大得，不捨不得，人心便坦然，這就是智慧。

3 感恩一切福佑

生命的整體是相互依存的，每一樣東西都依賴其他每一樣東西。無論是父母的養育、師長的教誨、配偶的關愛、他人的服務、大自然的慷慨賜予……人自從有了自己的生命起，便沉浸在恩惠的海洋中。

有個寺院的住持給寺院立下了一個特別的規矩：每到年底，寺裡的和尚都要面對住持說兩個字。

第一年年底，住持問新來的和尚心裡最想說什麼？

和尚說：「床硬。」

第二年年底，住持又問他心裡最想說什麼？

和尚說：「食劣。」

第三年年底，和尚沒等住持提問，就說：「告辭。」

住持望著對方的背影自言自語道：「心中有魔，難成正果，可惜！可惜！」

星雲大師解釋說，住持說的「魔」，就是和尚心裡沒完沒了的抱怨。這個和尚只考慮自己要什麼，卻從來沒有想過別人給過他什麼。這樣的人在現實生活中很多，他們這也看不慣，那也不如意，怨氣沖天，牢騷滿腹，總覺得別人欠他的，社會欠他的，從來感覺不到別人和社會對他的生活所做的一切。這種人只會抱怨，不懂感恩。

感恩者遇上禍，禍也能變成福；而那些常常抱怨生活的人，即使遇上了福，福也會變成禍。

人要懂得感恩，感恩大自然的福佑，感恩父母的養育，感恩社會的安定，感恩食之香甜，感恩衣之溫暖，感恩花草魚蟲，感恩苦難逆境，就連自己的敵人，也不忘感恩，因為真正促使你成功，使你變得機智勇敢、豁達大度的，不是優裕和順境，而是那些常常可以置自己於死地的打擊、挫折和對立面。

挪威著名的劇作家易卜生把自己的對手瑞典劇作家斯特林堡的畫像放在桌子上，一邊寫作，一邊看著畫像，從而激勵自己。易卜生說：「他是我的死對頭，但我不去傷害他，把他放在桌子上，讓他看著我寫作。」據說，易卜生在對方目光的關注下，完成了《社會支柱》、《玩偶之家》等世界戲劇文化中的經典之作。

人有了不忘感恩之心情，人與人、人與自然、人與社會之間的關係也會變得更加和諧，我們自身也會因為這種感恩心理的存在而變得愉快和健康。

4 放棄無謂的固執

在人的一生中，要遇到許許多多的選擇，無奈的是，魚和熊掌往往不可兼得。在把握命運的十字關口，我們要審慎地運用自己的智慧，做出最正確的判斷，放棄無謂的固執，冷靜地用開放的心胸去做正確的選擇。

一對師徒走在路上，一個徒弟發現前方有一塊大石頭，他皺著眉頭停在了石頭前面。

師父問他：「為什麼不走了？」

徒弟苦著臉說：「這塊石頭擋著我的路，我走不過去了，怎麼辦？」

師父說：「路這麼寬，你怎麼不繞過去呢？」

徒弟回答道：「不，我不想繞路，我就想要從這塊石頭上邁過去！」

師父：「可能做到嗎？」

徒弟說：「我知道很難，但我就要邁過去，我就要打倒這塊大石頭，我要戰勝它！」

經過艱難的嘗試，徒弟一次又一次地失敗了。

最後，徒弟痛苦地說：「連這塊石頭我都不能戰勝，我怎麼能完成偉大的理想呢？」

師父說：「你太執著了，對於做不到的事，不要盲目地堅持到底，你要知道，有時堅持不如放棄。」

過分執著，就成了固執。要時刻留意自己執著的意念是否與成功的法則相抵觸，但追求成功並非意味著你必須全盤放棄自己的執著，而來遷就成功法則。你只需在意念上做合理的修正，使之符合成功者的經驗及建議，即可走上成功的輕鬆之道。

星雲大師認為，一個人理智地放棄他無法實現的夢想，放棄盲目的追求，是人生目標的重新確立，也是自我調整、自我保護的最佳方案。學會放棄，給自己另闢一條新路，往往會柳暗花明。

如果你以相當的精力長期從事一種事業，但仍舊看不到一點進步、一點成功的希望，那就不必浪費時間了，不要再無謂地消耗自己的力量，而應該再去尋找另一片沃土。

目標是一種方向，需要恰當地選擇。假如你的一個目標發生了問題，應當馬上更換一個目標，這樣才能挖掘你自己的潛力。

放棄，並不是讓你放棄既定的生活目標，放棄對事業的努力和追求，而是放棄那些已經力所不能及、不現實的生活目標。任何收穫都需要付出代價，付出就是一種放棄。

放棄不是退縮和隱藏，而是教你如何在衡量自己的處境後有的放矢，聰明睿智地做出正確的選擇。

5 停止流無用的眼淚

《百喻經》裡有一個故事：有一隻猩猩，手裡抓了一把豆子，高興地在路上一蹦一跳地走著。一不留神，手中的豆子滾落了一顆，為了這顆掉落的豆子，猩猩馬上將手中其餘的豆子全部放置在路旁，趴在地上東尋西找，卻始終不見那顆豆子的蹤影。

最後，猩猩只好用手拍拍身上的灰土，回頭準備拿取原先放置在一旁的豆子，怎知那顆掉落的豆子沒找到，原先的那一把豆子卻全都被路旁的雞鴨吃得一顆也不剩了。

想想我們現在的追求，是否也是放棄了手中的一切，僅僅為了追求掉落的那一顆？

與其抱殘守缺，不如就地放棄。事物的價值不在於誰佔有，而在於如何佔有。失去不一定是損失，也可能是獲得。

失去的已經失去，何必為之大驚小怪或耿耿於懷呢？之所以失去某種心愛之物會讓我們的心備受折磨，究其原因，是因為我們沒有調整好心態去面對失去，沒有從心理上承認失去，只沉湎於已不存在的過去，而沒有想到去創造新的未來。

一位有臨床經驗的心理醫生撰寫了一本醫治心理疾病的書。有一次，他受邀到一所大學講學，課堂上，他拿出了厚厚的著作，說：「這本書有一千多頁，裡面有三千多種治療方法，一萬多種藥物，但所有的內容其實只有四個字。」說完，他在黑板上寫下了：如果，下次。

醫生接著說：「很多時候，造成人們精神消耗和折磨的就是『如果』這兩個字。『如果我考進了大學』『如果我當年不放棄他』『如果我當年換了其他的工作』……這些是我這麼多年來聽到最多的話語。治療心理疾病的方法有很多，但最終的辦法只有一種，就是把『如果』改成『下次』：『下次我有機會再去進修』『下次我不會放棄所愛的人』……只有這樣，人們才能真正地從痛苦中走出來。」

正如我們的人生，走過的那一段已經無法重新開始，不管你再怎麼惋惜、悔恨也無法改變既定的事實。與其在痛苦中掙扎，不如重新找到一個目標，再一次奮發努力。不要因為過去的失敗做無謂的自責和嘆息，真正學會放棄後，你會發現，那才是一種真正的超越，一種真正的戰勝自我的強者姿態。

令人後悔的事情在生活中經常出現，許多事情做了後悔，不做也後悔；許多人遇到後悔，錯過了更後悔；許多話說出來後悔，不說也後悔……人生沒有回頭路，也沒有後悔藥，過去的已經過去，你再也無法重新設計。後悔，只會消弭未來的美好，給未來的生活蒙上陰影。

只要心無掛礙，看得開、放得下，何愁沒有快樂的春鶯在啼鳴？何愁沒有快樂的泉溪在歌唱？何愁沒有快樂的白雲在飄蕩？何愁沒有快樂的鮮花在綻放？所以，放下就是快樂。不被過去糾纏，才是幸福的人生。

6「心美」就是禪

常言道：「這個世界並不缺少美，只是缺少發現美的眼睛。」所以，我們要學會用「發現美」的眼睛。所謂禪者，就是指能夠發現美、懂得欣賞生活的美的人。這樣的人不會遺漏生活中的美好細節，更不會在行路艱難的時候只看到灰暗醜陋的一面。

星雲大師說，禪者有一顆「美心」，所謂「心美，一切皆美」，這個「心美」就是禪。懂得欣賞，平凡枯燥的生活也有它的溫馨，身處嘈雜的鬧市之中也能感覺很美；不懂得欣賞，身處人間仙境也會覺得毫無趣味。

陶潛的詩：「晨興理荒穢，帶月荷鋤歸。」本來是天剛亮就去下地幹活，到晚上才能歸家，卻被他看成「帶月」歸家，這難道不是一種感受美嗎？

以禪心觀世界，就能看到世界的美。對人對事也可以發現美，發現好的方面，只需要我們用心去感受、欣賞。

一個年輕人在一個陌生的地方碰到了一位老人。

年輕人問：「這裡如何？」

老人卻反問道：「你的家鄉如何？」

年輕人說：「簡直糟糕透了。」

老人接著說：「那你快走，這裡同你的家鄉一樣糟。」

之後，又來了一個年輕人問了同樣的問題，老人也同樣反問，年輕人回答說：「我的家鄉很好，我很想念家鄉……」

老人便說：「這裡也同樣好。」

旁觀者覺得詫異，問老人為何前後說法不一致？老人說：「你要尋找什麼，你就會找到什麼！」

在不同人的眼中，世界也會變得不同。其實，星星還是那顆星星，世界依然是那個世界，你用欣賞的眼光去看，就會發現很多美麗的風景；若帶著滿腹怨氣去看，便會覺得世界一無是處。

換一個角度、換一個想法看待事物，會有不同的感受。拍照片角度不同，照出來的效果就不同，人生也是如此。換一個角度，換一個想法，你就會有不同的收穫。

7 隨遇而安，隨喜而作

《菜根譚》上說：「萬事皆緣，隨遇而安。」人生的自得與悠然歡喜全靠這「隨緣」的心境。

佛家有云：「隨遇而安，隨緣生活；隨心自在，隨喜而作。若能一切隨他去，便是世間自在人。」要做世間自在人，就要先從內心做起，內心不受拘束，不受干擾。

星雲大師認為，「隨遇而安，隨喜而作」的人生態度是一種境界。

如果我們都能夠有一種無牽無掛、無憂無慮、知足豁達的人生態度，一份淡泊寬大的心境，那麼無論我們身在何處，都能夠找到屬於自己的生活。

老和尚和小和尚遇見了洪水，小和尚愁眉苦臉，老和尚卻毫不在意，小和尚勸師父趕緊走。

老和尚說：「難道山下就沒有洪水了嗎？」

三天後洪水退去，老和尚告誡小和尚：「無論遇到什麼事都不要驚慌，一切都會過去的。這就是隨緣而活。」

趙州禪師師徒二人論道，比誰把自己說得最髒最臭。

師父說：「我是驢。」

徒弟說：「我是驢屁股。」

師父再說：「我是驢屎。」

徒弟說：「我是驢屎裡的蛆蟲。」

師父問：「你在驢屎裡做什麼？」

徒弟說：「我在裡面乘涼啊！」

星雲大師說，這個「乘涼」就反映了一種隨遇而安、逍遙自在的心態。人因為執著的東西太多，所以得到的煩惱也很多，總是提心吊膽、患得患失。

太多的人在面對一些狀況的時候不肯接受，比如工作的升遷或者降職，總是不能隨遇而安，反而把這樣的事情堵在心裡，不得解脫，久而久之，生活就會變得越來越沉重。

宋朝留下了一座廟，這座廟門上有一副對聯：「得一日糧齋，且過一日；有幾天緣分，便住幾天。」這是一種萬事隨緣的心境，不為外物所累。

「有糧多吃，無糧少吃」並不是要我們萬事消極，而是說在沒有糧的情況下不要哀嘆糧食不足，而要享受這一過程，因為即便再哀嘆，「糧食」也不會憑空多出來。

丹霞天然禪師從小就學習儒家經典，長大後打算進京趕考，卻在路上遇到了一位行腳僧。

僧人問：「您這是要到哪裡去？」

天然禪師回答說：「趕考去。」

僧人說道：「趕考怎麼能比得上選佛呢？現在江西的馬祖道一

禪師出世，您可以到那裡去。」

於是天然禪師改道南行，毅然放棄了赴京趕考的打算，來到江西去參拜馬祖禪師。

他向馬祖禪師表明來意後，馬祖禪師告訴他前往湖南石頭禪師那兒參學，並對他說：「沒有剃度不要回來。」

天然禪師又趕到南嶽，見到石頭和尚就請他為自己剃度。石頭和尚並沒有立即給他落髮，只是說：「你到糟廠舂米去吧。」

於是，天然禪師在廚房幹了三年的雜活。

三年後，石頭和尚很滿意，欣然為他剃度。

天然禪師開悟後，又去江西去拜見馬祖禪師。

他來到僧堂內，騎坐在菩薩像上，眾人嚇了一跳，把這件事報告馬祖禪師。

馬祖道一禪師見是他，便笑著說道：「我子天然。」

天然禪師立即從菩薩身上跳下來，向馬祖禪師行禮後說：「多謝大師賜我法號。」天然禪師的名號由此而來。

馬祖禪師說道：「你終於懂得了隨遇而安，隨喜而作。」

佛家講：「繁榮的隨它繁榮，枯萎的任它枯萎。」當一件事情發生之後，既然無力改變，那就要欣然接受，不做愁眉苦臉的「苦行僧」，而要容得下萬物，過眼雲煙如浮雲，我自隨緣過千年。

8 懂得加減法，人生永不絕望

星雲大師說：人生有時候是一帆風順，所謂商場滿意、情場得意、官場快意，這都是「加」的人生；但有時候也會遇上事業上的失意、人情上的恨意、生活上的無意、朋友間的歉意，這都叫「減」的人生。

人生本來就像潮水一樣，起起落落，有高潮有低潮，這就是「加加減減」的人生。

一天，一位樵夫像平時一樣來到山上砍柴。

他來到一棵粗壯的大樹面前，用斧頭和鋸子輪流劈砍和磨鋸大樹。但由於大樹實在是太粗了，他一直幹到傍晚也沒有成功。

經過片刻的休息，他又重新砍樹，此時天已經越來越黑了，樵夫為了抓緊時間，加快了砍樹的節奏。沒想到，就在他低著頭沒注意時，大樹迅速倒了下來，壓在他的腿上。

樵夫疼得冒出了冷汗，他使盡了渾身的力氣，也沒能將腿上的大樹移開。他開始意識到這棵樹實在太大了，根本不可能移開，於是轉而用盡力氣喊人，但因為天色已經太晚，其他的樵夫早就回家了，他喊了半天也沒有回應。

樵夫知道，時間拖得越久他就越危險。看到旁邊的鋸子，他狠下心用鋸子朝自己的腿上用力拉，鑽心的疼痛幾乎讓他暈死過去。樵夫忍著劇烈的疼痛，用驚人的意志力鋸斷了壓在大樹下的腿，然後用衣服包好傷口，最後終於艱難地爬到了有人居住的地方。

他的命保住了，可那條腿卻不可能再接上。不過醫生說，如果不是他當時果斷地鋸掉壓在樹下的腿及時來到醫院，他的生命就會因為拖延太長時間而難以得到保全。

有一位哲人說，人生如車，其載重量有限，超負荷運行會使人生走向反面。人的生命有限，而欲望無限，所以，我們要學會辯證地看待人生，看待得失，用減法減去人生過重的負擔。

柳宗元在《柳河東集》中寫了一篇文章叫《蝜蝂傳》。蝜蝂是一種很會背東西的小蟲子，爬行時遇到東西，牠總要撿起來，將其背到身上，即使疲勞到了極點，牠還是會不停地往背上加東西。

蝜蝂的脊背非常粗糙，東西堆積在上面散落不了。最後，蝜蝂終於被壓得倒在地上爬不起來了。

有人很同情牠，便替牠去掉背上的東西，但只要牠能夠爬行，仍會背上許多東西，直到撲倒在地。蝜蝂喜歡往高處爬，用盡了最大力氣也不停止，直到摔死為止。

每當面對取與捨的選擇時，很多人都會在有意無意之間選擇取，因為在人看來，取便意味著得，捨便意味著失，於是在取捨之間，人們自然而然地趨向於前者。然而，生活這門藝術並非如此簡單，生活並不是一加一等於二的數學公式，生活當中的取捨藝術也不是取與得、捨與失的一一對應關係。

若不能很好地面對生活中各種紛繁複雜的事物，不能對這些事物進行適度取捨，那人們在生活中的表現就不能算得上明智。生活中常常「魚」和「熊掌」不可兼得，這個時候就要我們做出加減法，捨棄掉某些東西，才可以得到更多。

有人曾做過一個試驗：把一棵三十七點五公斤重的仙人球放在室內，一直不澆水。

過了六年，那棵仙人球仍然活著，而且還有廿六公斤多重。也就是說，經過六年時間，它只消耗了十一公斤的水。

也曾有人發現，一棵在博物館裡活了八年的仙人掌，平均每年因生長而消耗掉的水分僅占其總貯水量的百分之七。

那麼，仙人掌怎麼做到如此的呢？

為了減少蒸騰的面積，節約水分的「支出」，它的葉片已經慢慢地退化變成了針狀或刺狀。綠色扁平的莖也披上了一件非常緊密的角質層，裡面還分佈著幾層堅硬的厚壁組織，這樣就有效地防止了水分的散發。

為了減少水分蒸發，仙人掌表皮上的下陷氣孔只有在夜晚才稍稍張開，這樣便大大地降低了蒸騰速度，防止水分從身體裡跑掉。

仙人掌十分難看，但它非常耐活，仙人掌「減」掉了多餘的枝葉和華麗的外表，換來的就是沙漠裡靜靜地矗立。

一斤芝麻七元，一斤白糖三元，一斤芝麻加上一斤白糖卻不是十元，因為做成芝麻糖會賣得更貴。人生的加減由我們掌控，生活要拿得起放得下，要主動做減法，給自己的生活留下足夠的空間。

生活就是一種取捨的藝術，「加」代表擁有，代表索取，但人生不是一個永遠也填不滿的聚寶盆，「加」的東西越多，活得也就越累。人生加減法的哲理能讓我們減去煩惱，減去疲憊，收穫更多的美好。

第八章

口中多說好，言談悅人心

多年以前，曾經在一篇文章裡讀到這麼一句話：
「語言，要像陽光、花朵、淨水。」
當時深深感到十分受用，於是謹記心田，時刻反省，
隨著年歲的增長，益發覺得其中意味深長。
——星雲大師

1 一言折盡平生福

俗謂：「良言一句三冬暖，惡語傷人六月寒。」語言是傳達感情、溝通交流的工具，但是如果運用不當，雖是出自無心，也會成為傷人的利器。

星雲大師說：「多年以前，曾經在一篇文章裡讀到這麼一句話：『語言，要像陽光、花朵、淨水。』當時深深感到十分受用，於是謹記心田，時刻反省，隨著年歲的增長，益發覺得其中意味深長。」

言語在有的時候非常重要，說不準哪一句話說得不對，或是說的讓人聽著刺耳，就得罪了別人。所以，我們在交談的時候要講究一些。

●態度要誠懇，只有這樣才會有一個雙方都樂於溝通的氛圍。

態度傲慢並不能表現你的優越感，相反，還會暴露出你缺乏修養，這是交談的一大禁忌。但親切友好的態度則會讓對方，甚至你的對手心裡放鬆，如此自然願意與你暢談、傾訴。

●說話的時候，語言要文明，這一點相當重要。

使用文明語言是對別人的尊重，也是對自己的尊重。粗話、髒話、黑話、葷話、怪話等先在腦子裡過濾一下，否則，一句話沒說對，很可能會鬧得大家不歡而散。另外，隱私和敏感話題也要儘量少談及，如果對方感覺如坐針氈，交談還怎麼進行下去呢？

●還應當注意身體語言。

目光注視對方，表情要自然，要不時地點頭，適時地微笑。有些時候，我們需要與對方保持適當的距離，不能太遠，遠了會聽不清彼此所要交談的內容；也不宜太近，太近會給對方以壓迫感。

人世間沒有十全十美的人，凡人皆有其長處，也難免有短處。在談話當中，你要極力避免說別人的短處，否則不僅會使別人的尊嚴受到損害，還會表現出你品德上的缺點。所謂「一言折盡平生福」就是這個意思。

第一，不可在談話中借詞刺探別人的隱私。

第二，不可知道了別人的一點點短處就逢人宣揚。

你要明白的一點是，你知道的關於別人的事情不一定可靠，也許另外還有許多隱衷不是你所了解的事實。如果貿然拿聽到的片面之言出去宣揚，話說出口就收不回來了，就算事後你徹底明白了真相，也無法進行更正，別人勢必會給你扣個顛倒黑白、是非不分的帽子。

如果是別人向你說某人的短處，你唯一的辦法是聽了就算，謹緘金口，不可做傳聲筒，並且不要深信片面之詞，更不必記在心上。和談論別人的短處一樣，不可就門面的觀察便在背後批評人家，除非這是好的批評。說一個壞人的好處，旁人聽了最多認為你無知；把一個好人說壞了，人們就會覺得你存心不良了。

2 肯定比「問號」要好得多

星雲大師在一次演講中說，有的人說話喜歡用問號，有的人說話喜歡用句號，還有的人說話喜歡用驚嘆號，甚至有的人說話喜歡用省略號。

喜歡用句號講話的人，凡事總會給你一個交代或答案；喜歡用刪節號講話的人，只要你虛心探究，也總能知道他的內容；用驚嘆號講話的人，喜歡大驚小怪，虛張聲勢；唯有用問號講話的人，內容比較複雜。

問號，有時候是表示善意的關懷，會有好的結果；但有時候也會產生不良的結局。例如，對人問安時說：「你好嗎？」「你吃過飯了嗎？」「你近來如何？」這些都是善意的問號；有的人跟人請示：「你對時局的看法如何？」「你對社會的經濟發展有何見解？」這些都是中性的，無所謂好壞；最可怕的就是責備的問號——質問，如：「你來這裡幹什麼？」

「怎麼到現在還沒有做完？」「為什麼花了那麼多錢？」「為什麼吃那麼多東西？」「為什麼今天遲到了？」「你今天怎麼起得那麼晚？」用這種口氣對人說話，其結果就會難以預料。

用質問的語氣談話，是最傷感情的。像現在有些夫妻不睦、兄弟失和、同事交惡，都是由於一方喜歡以質問式的態度來與對方談話所致。

有些人愛用質問的語氣來糾正別人的錯誤，比如：「昨天我想是今年以來最酷熱的一天了。」「你怎會知道？」有的時候，就算對方說錯了，但你何必要先給他一個難堪的質問呢？除了在不得已的場合，如在法庭辯論過程中，質問是大可不必的。如果你覺得意見不對，不妨立刻把你的意見說出來，何必一定要先來個質問，使對方難堪呢？

先質問，後解釋，猶如先向對方打了一拳，然後再向他解釋為何打他一拳，這很容易破壞雙方的情感。被質問的人往往會被弄得不知所措，自尊心也會因此受到打擊。假如他是個脾氣很壞的人，肯定會惱羞成怒，最後激起劇烈的爭辯。

誠實、虛心、坦白和尊敬別人，這幾點都是談話藝術的必備條件。為難對方，藉以逞一時之快，於人於己皆無好處。你不願別人損害你的自尊，你也不可損傷他人的自尊心。就算是對自己的子弟或部屬，如果有不對的地方，你可以詢問原因，可以向他們解釋，但方法、態度一定要真誠大方。質問是不適宜的，如果你想讓對方心悅誠服，越是在意見有分歧的時候，越不可用質問的方法。當對方被你的質問弄得很窘迫時，在形勢上他失敗了，但他必定會抱恨在心。

雖然在朋友的笑謔中，偶然以質問的語氣開玩笑是可以的，但不可常用，以免成為習慣。因此，時刻都要提防著自己的語氣，溫厚待人就是給自己留有餘地。若你用質問輕易地進攻別人，如果估計失當，必然會慘敗。

星雲大師提醒，做人不要經常說些問號的話，肯定總比問號要好得多。比如，有人向你借錢，你可以不借，但不能問：「你老是借錢幹什麼？」找你做事，你也可以婉言謝絕不做，但不可以說：「你找我做，那你自己做什麼？」這種問號式的對談很容易傷害彼此的感情。

3 說出別人愛聽的讚美

我們身邊的每個人，當然也包括我們自己，都希望受到周圍人的讚美，希望自己的價值得到肯定。雖然我們都處於一個極小的天地，卻認為自己是小天地中的重要人物。

星雲大師說，對於肉麻的奉承，我們會感到噁心，然而又渴望得到對方由衷的讚美。

十九世紀初，一個窮困潦倒的英國青年一篇又一篇地向外投寄稿件，卻一篇又一篇地被編輯退回。正當他快要絕望時，他意外地收到了一位編輯的來信，信很短：

「親愛的，你的文章是我們多年來夢寐以求的作品，年輕人，堅持寫下去，相信你一定會成功的！」這幾句讚美詞，給了絕望的青年勇氣、力量和信心。

這英國青年堅持了下來，幾年之後，這位年輕人成為了一代文學巨匠，他就是狄更斯。

也許，那位編輯壓根兒就沒有想到，就是他那封三言兩語的信，竟讓一個人絕處逢生。

「一句讚美的話能當我十天的糧。」馬克．吐溫的這句話形象地說明了讚美的作用和力量。人類天性渴望認同，每個人天生都渴望得到他人的讚賞；同樣地，也都懼怕責難。

美國第十六任總統林肯說：「人人都需要讚美，你我都不例外。」心理學家威廉．詹姆斯說：「人性中最本質的願望就是希望得到讚賞。」

讚美對影響他人有著一種神奇的力量。行為專家認為，讚美是一些行為發生聯繫的東西，它能促使某種行為重新出現。當大腦接受到讚美的刺激，大腦皮層形成的興奮狀態調動起各種系統的積極性，潛在的力量能動地變成了現實，行為就會發生改變。

在生活中，很多時候，一個微笑，一句讚美，一句鼓勵，再簡單不過，給人的感受卻溫暖如三月的陽光。所以，請不要吝惜你的讚美。但是，怎樣才能做到會讚美呢？

●真誠是前提

讚美應該以真誠為前提。虛假的讚美不僅達不到想要的結果，還會讓人認為是諷刺挖苦或者是溜鬚拍馬，讓人反感。俗話說：「心誠則靈。」真誠的讚美來自內心深處，是心靈的感應，是對被讚美者的羡慕和欽佩，能使對方受到感染，發出共鳴。

●具體是真諦

讚美應該是針對某個人或者是某件事情而言的，空洞的讚美只會讓人覺得你很虛偽。過於籠統、過於空泛、過於抽象、缺乏具體內容的讚美也會讓人感到不舒服。例如，第一次見到某人，就對別人大加地讚美：「你真是個無比聰明的、了不起的人物啊。」這樣的話，只會讓別人對你的第一印象大打折扣。如果在讚美之前加上一些特定語，把要讚美的話語具體化，效果就會大有不同。「聽說你的文采不錯，思路開闊，文筆犀利，切中要害，你真是個才子呀！」

準確是靈魂

讚美時不要張冠李戴，更不能鬧出笑話。一個媽媽讚美別人的兒子英語比自己的兒子好：「你看人家某某，比我們家老二強多了，不用說廿六個字母，就連四十八個音標都背得滾瓜爛熟。」這樣的讚美真是讓人哭笑不得。

及時是雨露

人人都需要被讚美，這是人性使然。當下屬工作有突出表現時，上司要及時給予讚美；當孩子考試成績有進步時，要及時給予讚美；當朋友有了某方面的成就時，要及時給予讚美。這樣，你的人際關係就會越來越好。

4 會傾聽的耳朵勝過能言的嘴巴

星雲大師認為：一對會傾聽的耳朵勝過一張能言善辯的嘴。事實上，傾聽是獲得他人好感的關鍵，用心地傾聽他人話語勝過在眾人面前口若懸河、滔滔不絕。

在一個不知名的國度，國王有一天收到了鄰國王子送來的三個一模一樣的金人，使者說他的王子要請教國王一個問題：三個金人哪個最有價值？回答正確的話，這三個金人將全部歸國王所有。

這可有點難住國王了，因為無論是稱重量還是看做工，它們都是一模一樣的。

最後，一位智慧的老臣拿著三根稻草走上前去，他把第一根稻草插入第一個金人耳朵裡，稻草從另一邊耳朵掉了出來；然後，他又將一根稻草插入第二個金人的耳朵裡，結果稻草從嘴巴裡掉了出來；最後，他把第三根稻草插入第三個金人耳朵裡，稻草掉進了肚子裡。

老臣說：「最有價值的是第三個金人！第一個金人是左耳朵進，右耳朵出；第二個金人是用耳朵聽了，用嘴巴說出來；只有第三個金人用心去傾聽。」

使者默默無語，顯然，答案是正確的。

那些整日在他人面前喋喋不休的人，總顯得誇誇其談、油嘴滑舌，話說多了，還有可能禍從嘴出。而靜心傾聽就沒有這些弊病，而且益處頗多。用心傾聽別人說話，別人就會覺得你謙虛好學、誠實可靠、善解人意。善於傾聽的人常常會有意想不到的收穫：劉玄德因為恭聽諸葛亮之言，而問鼎三國；蒲松齡因為虛心聽取路人述說，寫下了《聊齋志異》；唐太宗因為能夠傾聽魏徵等人直諫，成就了大唐盛世。

一個不懂得用心傾聽的人，通常也是不尊重別人觀點和立場、孤傲自大的人，這種人無可避免地會成為他人反感的對象。用心傾聽是對說話者的尊重，它不僅是維繫人際關係、保持友誼的有效途徑，更是解決矛盾衝突和處理抱怨的好方法。

只有很好地傾聽別人，才能構建穩定的人際關係。凡是高明的談話者，都有很好的傾聽素質。他們在聽別人說話的過程中，能夠體察別人的感情，體諒別人的難處，寬恕別人的錯誤，容忍別人的缺點；他們有耐心，能夠長時間地聽取別人零亂、不成熟甚至是語無倫次的談話；他們還有一顆謙虛、吸收性強的學習心，能夠從別人的談話中找到要害，用別人的思想來提升自己；他們又都是有趣的人，偶爾聽到別人說出有趣的話，就會心地笑，當別人講出一些經典話語，就連連點頭。由於具備這種素質，高明的談話者往往能深刻洞察別人的心思，他說出口的話自然能深入對方內心。

希臘斯多噶派哲人芝諾說：「我們之所以長著兩隻耳朵一張嘴，是為了多聽少說。」當一個青年向他滔滔不絕地說話時，他打斷說：「你的耳朵掉下來變成舌頭了。」

確實有許多能言會道的人，他們的嘴是身上最發達的器官，無論走到哪裡，嘴巴都是他身上最鋒利的武器。他們只想表達自己，卻很少有心情傾聽他人。雖然他們的口才算得上一等一，和別人交流的機會也非常多，但他們並不瞭解別人，人緣一般。他們說得越多，瞭解別人的機會就越少。只有讓對方多說，瞭解他的機會才會越多。而越瞭解一個人，你就越能贏得他的好感，他就越願意與你打交道。

5 不妄語，人無信不立

「君子一言，駟馬難追」，講的是做人的信用度。一個不講信用的人，是為人所不齒的。

現在生意場上，公司企業做廣告宣傳，樹立公眾心中的形象，就是想提高信用度。信用度高了，人們相信你，辦事才會更容易成功。信用是個人的品牌，是辦事的無形資本。有形資本失去了還可以重新獲得，無形資本一旦失去了就很難重新獲得了。所以，辦事再困難，也不能透支無形資本。

諸葛亮有一次與司馬懿交鋒，雙方僵持數天，司馬懿就是死守陣地，不肯向蜀軍發動進攻。

諸葛亮為安全起見，派大將姜維、馬岱把守險要關口，以防魏軍突襲。

這天，長史楊儀到帳中向諸葛亮稟報：「丞相上次規定士兵一百天一換班，今已到期，不知是否……」

諸葛亮說：「當然，依規定行事，交班。」眾士兵聽到消息立即收拾行李，準備離開軍營。

忽然探子報魏軍已殺到城下，蜀兵一時慌亂了起來。

楊儀說：「魏軍來勢凶猛，丞相是否把要換班的四萬軍兵留下，以退敵急用？」

諸葛亮擺手說：「不可。我們行軍打仗，以信為本，讓那些換班的士兵離開營房吧。」

眾士兵聞言感動不已，紛紛大喊：「丞相如此愛護我們，我們無以報答丞相，決不離開丞相一步。」

蜀兵人人振奮，群情激昂，奮勇殺敵，魏軍一路潰散，敗下陣來。

諸葛亮向來恪守原則，換班的日期來到，即毫不猶豫地交班，就是司馬懿來攻城也不違反原則。以信為本，誠信待人，終於成就了他。

顧炎武曾以詩言志：「生來一諾比黃金，那肯風塵負此心。」表達自己堅守信用的態度。言必信，行必果，不但是對別人的尊重，更是對自己的尊重。

當朋友托我們辦事時，能做到當然最好，如果不能，就不要一口應承下來，不要做「言過其實」的許諾。因為，諾言能否兌現，除了個人努力的問題，還有一個客觀條件的因素。平時可以辦到的事，由於客觀環境的變化，一時又辦不到了，這種情形是常有的事。

因此，在朋友面前不要輕率地許諾，更不能明知辦不到還打腫臉充胖子，逞能許下「寡信」的「輕諾」。當你無法兌現諾言時，不僅得不到朋友的信任，還會失去更多的朋友。

有些人因為不好意思拒絕別人而向他人承諾，而有些人則因為喜歡胡亂吹噓自己的能力，隨隨便便向別人誇下海口，承諾自己根本辦不到的事情。結果不但事情沒有辦成，自己的人緣也搞臭了。

既然許下諾言，就不能反悔。所以，乾脆不要輕易向人承諾，這是不失信於人的最好方法。這是一個主觀上守信的問題，也是一個有無能力兌現的問題。一個人經常答應自己無力完成的事，當然會使別人一次又一次失望。

6 閒談莫論人非

星雲大師說：「嘴巴，可以是吐放劇毒的蠍子，令人生畏遠避，也可以像柔軟香潔的花苑，散發清和喜悅，為人間邀來翩翩的彩蝶。」

《吉祥經》就說：「言談悅人心，是為最吉祥。」

每個人都有自己的生活環境，環境導致每個人的處世原則與方法存在著差異，這就好比穿鞋，倘若我們不穿上別人的鞋，怎麼會知道別人的腳是舒服還是痛苦呢？

蘇聯在建國初期相當貧窮，購買大部分東西都必須排隊。

有一個窮人，為了招待他的外國友人到來，拿起掃帚，興致勃勃地賣力打掃自己的房子。

正當他賣力清掃的時候，唯一的一把掃帚卻被弄斷了。他愣了大約有一分鐘，才回過神來，頓時跌坐在地上，號啕大哭起來。

這時，他的幾個外國朋友正好趕到，見到他望著斷掉的掃帚痛哭不已，紛紛上前來安慰。

經濟強盛的美國人說道：「唉，一把掃帚又值不了多少錢，再去買一把不就行了，何必哭得如此傷心呢？」

知法守法的英國人說道：「我建議你到法院去，控告製造這柄劣質掃帚的廠商，請求賠償。反正官司打輸了，也不用你付錢啊！」

浪漫成性的法國人說道：「你能夠將這柄掃帚給弄斷，像你這麼強的臂力，我連羨慕都還來不及呢，你又有什麼好哭的啊？」

理性務實的德國人說道：「不用擔心，大家一起來研究看看，一定有什麼方法能將掃帚黏合得像新的一樣，我們一定可以找到方法！」

最後，可憐的窮人哭著道：「你們所說的這些，都不是我哭的原因，真正的重點是，我明天必須去排隊才可以買到一把新的掃帚，不能搭你們的便車一起出去玩了。」

每個人都有著自己的既定立場，也因此而習慣於執著在本身的領域中，忘卻了別人也和自己一樣，有著他自己特殊的一面。永遠不要用自己的思維去審視別人，更不要用我們的想法去評價別人。

人的臉上，有兩個眼睛、兩個耳朵、兩個鼻孔，卻只有一張嘴巴，這奇妙的組合，蘊涵著很深的意義，就是告誡人們要多聽、多看、少說。

《伊索寓言》中有句名言：「世界上最好的東西是舌頭，最壞的東西還是舌頭。」中國還有句諺語：「背後罵我的人怕我；當面誇我的人看不起我。」因此，人要懂得「禍從口出」的道理，管住自己的舌頭。

范雎在衛國見到秦王，儘管秦王求教再三，他都沉默不語；諸葛亮在荊州，劉琦也是多次請教，諸葛亮同樣再三不肯說。最後到了偏僻的一座閣樓上，撤走了樓梯，范雎和諸葛亮才分別對秦王和劉琦指示今後方向。所以，歷史上的「去梯言」，就表示慎言的意思。

東晉時代的王獻之，一日偕同兩個哥哥王徽之、王操之去拜訪東晉當代名人謝安。徽之、操之二人放言高論，目空四海，只有獻之不肯多說。三人告辭以後，有人問謝安，王家三兄弟誰優誰劣？謝安淡淡說道：慎言最好！

生活中，有人喜歡饒舌，但也有人習慣於慎言。饒舌的人常常會吃虧；慎言的人，比較不容易受到傷害。

艾子發高燒，夢遊到陰曹地府，正見閻羅王升堂問事。

幾個鬼抬上一個人，說：「這人在陽世，幹盡了缺德事。」

閻王命令道：「用一百億萬斤柴火燒煮。」馬面鬼上來押解。

那人私下裡探頭問馬面：「你既然主管牢獄，為何穿著這麼破爛的豹皮褲子呀？」

馬面說：「陰間沒有豹皮，如果陽間有人焚化才能得到。」

那人立即說：「我姑姑家專門打獵，這種豹皮多著呢，如果你肯減少些柴火，讓我能夠活著回去，定為你焚化十張豹皮。」

馬面大喜，答應減去「億萬」兩字，煮燒時也只是形式而已。

待那人將歸時，馬面叮囑道：「千萬不要忘了豹皮呀！」那人回頭對馬面說：「我有一詩要贈送給你：馬面獄主要知聞，權在閻王不在君，減扣官柴猶自可，更求枉法豹子皮。」馬面大怒，把他又投入滾沸的水鍋裡，並加添更多的柴煮了起來。

艾子醒後，對他的徒弟們說：「必須相信口是禍之門啊！」

一個成熟的人知道什麼話該說，什麼話不該說；有些話，什麼時候該說，什麼時候不該說。為我們的嘴巴灑幾滴馨香的甘露吧，讓我們的言行種幾棵芬芳的樹吧！

7 說「不」是你的權利

在生活中，要學會拒絕別人過分的要求、無理的糾纏、惡意的慫恿、各種滿布陷阱的誘惑……拒絕一切應該拒絕的東西，能使我們剔除懦弱和優柔寡斷，使我們學會堅強和果敢，讓我們的心更明、眼更亮、路更寬！

星雲大師認為：對於一些不情願的事情，一定要果斷拒絕。說「不」是你的權利，如果你不懂得利用這個權利，就會陷自己於不仁不義中，雙方都難以接受它造成的後果。

英國作家毛姆在小說《啼笑皆非》中，講過這麼一段耐人尋味的故事——

一位小人物一舉成為了名作家，新朋老友紛紛向他道賀，成名前的門可羅雀同成名後的門庭若市形成了鮮明的對比。

毛姆為我們描寫了這樣一個場面：一位早已疏遠的老朋友找上門來，向他道賀，怎麼辦呢？是接待他還是不接待他？按照本意，自己實在無心見他，因為一無共同語言，二來浪費時間，可是人家好心好意來看你，閉門不見似乎說不過去，於是只好見他。

見面後，對方又非得邀請他改日到他家去吃飯。儘管他內心一百個不樂意，但盛情難卻，他不得不佯裝愉悅地應允。在飯桌上，儘管他沒有敘舊之情，可是又怕冷場，於是又強迫自己無話找話。這種窘迫可想而知……

來而不往非禮也，雖然他不願意再同這位朋友打交道，但他還是不得不提出要回請朋友一頓。他還得苦心盤算：究竟請這位朋友到哪家飯店合適呢？去第一流的大酒店吧，他擔心他的朋友會疑心自己是要在他面前擺闊；找個二流的吧，他又擔心朋友會覺得他過於吝嗇……

面對別人的請求，當你有時間並且有能力的時候，不要輕易拒絕。但沒有人是萬能的，當你真的力所不能及的時候，就不要礙於面子，不好意思說「不」。如果硬撐著答應，將來誤了事，那才不好收場。

在工作中，上司讓你做某事時，你要認真地考慮好，這件事自己是否能夠勝任。把自己的能力與事情的難易程度以及客觀條件是否具備結合起來考慮，然後再決定是否去做。

拒絕別人的要求確實是件不容易的事，大家都有體會。央求人固然是一件難事，而當別人央求你，你又不得不拒絕時，也很叫人頭痛。不過，當你經過深思熟慮，倘若答應對方的要求會給你或他帶來傷害，那就應該拒絕，而不要為了面子問題做出違心的事，那樣對雙方都沒有益處。

8 好話也要在恰當的時機說

說話是一種藝術，也是一門學問。學問深了，便能受益匪淺；學問不深，就要處處碰壁，做不成好人，更做不成大事。

所謂學問，最基本的就是要知道什麼話該說，什麼話不該說，什麼場合該說什麼話，什麼場合不該說什麼話。這看似簡單，可是做起來卻沒那麼簡單，很多人都吃了這方面的虧，最終懊悔不已。

古人講：「山不在高，有仙則名；水不在深，有龍則靈。」說話也是如此，話不在多，點到就行；話不在好，時機對就行！

掌握好說好話的時機，是每一個人必修的一門課程，因為如果你說的不是時候，即便你的話再好、再動聽，不僅起不到好的作用，還會給你帶來反面的效果。因此，要學會根據對方的性格、心理、身分以及當時的氛圍等一切條件，考慮自己說話的內容。

我們經常能看到這樣一幕：一個人在那裡口若懸河地講，可對方卻緊縮眉頭，對這個人說的話題一點都不感興趣，即便對方一直在誇獎他。到最後，無奈之下，只得找個藉口偷偷溜掉。

這就是一個時機問題。不管一個人說話的內容有多精彩，如果時機掌握得不好，就無法達到有效說話的目的。因為作為一個聽者，他的內心往往會隨著時間的變化而變化，他們並不是在所有時候都喜歡聽同一個話題，或者說，在很多時候，他需要其他的話題甚至需要沉默來調配自己的生活。

一個人的一生不能只聽一個話題過日子，也不可能只是一個心情永遠保持不變。如果你要讓對方願意聽你講話，或者接受你的觀點，你就得學會選擇適當的時機並且把握這個時機，在適當的時機說適當的話。猶如一個參賽的棒球運動員，即便他有良好的技術、強健的體魄，但如果他沒有把握住擊球的那個決定性瞬間，偏早或偏遲，棒就會落空，比賽也會輸掉。

因此，時機對一個想讓自己變得優秀的人來說是非常重要的。但是，何時才是這「決定性的瞬間」，怎樣才能判明並及時抓住時機，並沒有一定的規則，主要根據談話時的具體情況而定，比如對方的心情、當時的環境等因素。

中國是一個講究中庸的國家，凡事都喜歡恰到好處，過了或者不及都不是完美的表現，說好話也是如此。

對話是雙方進行交際的基礎，雙方有對話才有交流，有交流才能產生情感。一次成功的交談就像一場大家配合默契的接力賽，每個人都是這個集體接力的一員，既要接好棒，也要交好棒，誰都不能懈怠。棒在自己手上時，要盡心盡力跑好；棒在他人手上時，不妨為之加油喝彩。

這個接力棒就相當於說話時的話題，如果把交談變成一個人的獨白，儘管你講得眉飛色舞、口乾舌燥，也沒有人會為你鼓掌喝彩。因此，交流時要善於選擇雙方都感興趣的話題，這樣就能更好地交流，不管是說好話還是說不好的話，對方也都能比較容易接受。

另外，在交談雙方中，由於各人的閱歷不同，對事物的認識也就不盡一致，各人觀點的分歧、碰撞、交鋒在所難免。因此，在這種時候說好話，就得根據對方的閱歷和對事物的認識做出相應的調整。

比如說，一個閱歷不高、對事物認識比較淺顯的人，對他說好話就必須降到他那個相應的水準，不能說大話，不能說空話，否則，對方就會認為你是在拿他尋開心；相反，如果是一個高閱歷、對事物有著自己認識的人，就必須用一些高層次的好話來滿足對方的虛榮心，這樣就能給對方留下一個比較深刻的印象。

但是，這一切的前提都是在適當的時機才能這麼做，不能在對方心情不好，甚至是工作不順利的時候去說，否則就會適得其反。

最後要注意的是，在交談過程中，每個人都有表現欲，有被發現、被承認、被讚賞的內在心理需求。因此，在和對方交談的時候，一定要滿足對方的這種欲望，不能一味地跟對方說好話，要適當地留一點空間給對方慢慢地品味你的好話。就像吃一道美味佳餚一樣，必須要留足夠的時間來品，不能像是口渴喝白開水一樣牛飲。

喬治是美國加利福尼亞州鼎鼎有名的投資大亨，資產超過十億美元。

某年，他與商業夥伴大衛從加州飛到中國，準備在那裡投資建廠，因此，他需要尋找合作夥伴。經過多方努力，三天後，喬治終於坐到了談判桌前，和他談判的對象是某一大型企業的領導。

這位領導之所以能坐到談判桌前，就是因為他的精明能幹和通曉市場行情的本領令喬治頗為欣賞。特別是當喬治聽了這位領導對合資企業的宏偉設想後，他似乎已看到了合資企業的光輝前景。

可是，正準備簽約的時候，這位領導忽然頗為自豪地說道：「我們企業擁有兩千多名職工，去年共創利稅七百多萬元，實力是絕對的雄厚……」

聽到這兒，喬治立刻呆滯了。他暗暗地掐指一算：七百萬元人民幣折成美元是九十多萬，一個兩千多人的企業一年才賺這麼點錢，而這位領導居然還表現得十分滿意。

如此看來，合作以後的企業很可能會讓自己失望，因為離自己預訂的利潤目標差距實在太大了，還好合同還沒簽。最終，喬治終止了合作談判。

眼看馬上就要到手的投資就這樣飛了，原因僅僅是因為一句話，而且是一句好話。這只能說明這個領導說話沒有找對時機，最終也因為這個問題而失去了一筆很大的投資。

好話並不是什麼時候都適用，也不是什麼時候都能給自己帶來好處，要看時機。時機對了，那就是力量；時機不對，那就成了阻礙！

第九章

所交皆君子，同道方為朋

佛陀弘法時處處寬容那些迫害、誣陷、加害他的人，
同時以自己骨肉的割捨，促使傷害他的人有所警覺，
在成佛之後，第一個度的人便是自己的朋友。

——星雲大師

1 君子之交淡如水

星雲大師說，親密的友誼，可以不拘禮節，此乃理所當然。但是，話雖如此，並非就此容許踏入他人絕對禁止入侵的領域。無論彼此的關係如何，都必須保持某種程度的禮節。

《莊子・山木篇》記載，春秋末年，孔子因為再次被逐於魯國，不得不在宋、衛等國流浪，到處受到冷落，朋友們都漸漸與他疏遠了。

孔子歷經挫折後，向隱者請教：「是什麼原因形成這種窘境？」

隱者告訴他：「君子之交淡如水，小人之交甘如醴。」

人與人相交，以勢力相合的人，在窮迫禍患之際，必然負心相棄；不計較勢力，真正的朋友才能夠長相處。

水是人們日常生活中不可或缺的東西，雖然它沒有誘人的芳香，卻常飲不厭；甜酒雖然美味可口，卻容易使人陶醉。朋友之間的關係若達到最高境界，那就是一種極純真的平淡關係，平平淡淡才是真。

北宋宰相司馬光推薦劉元城到集賢院供職。

有一天，司馬光向劉元城說：「你知道我為什麼推薦你嗎？」

劉元城說：「是因為我和先生往來已久罷！」

原來，劉元城中了進士後，沒有馬上進入仕途，而是跟著司馬光學習了一段時間。

司馬光說：「不對，是因為我賦閒在家的時候，每到時令節日，你都會來信或者親自來看我，問候不斷；可是我當宰相以後，你卻沒有一封書信來問候我，這才是我推薦你的緣故。」

朋友之交，不是因為對方的財富地位，也不因為出眾的容貌，而是一種心靈的接受，一種精神世界的相通，也許是一個機遇、一次偶然的相識，也許很普通，平淡得讓人覺得沒什麼不同。

真正的朋友不是找機會就麻煩、打攪對方，而是靜靜地遠距離注視著對方，當他需要時及時伸出援助的手。這就是「淡如水」的君子之交。君子之交，源於互相寬容和理解。在這理解中，互相不苛求、不強迫、不嫉妒、不黏人，所以在常人看來，就像白水一樣淡。

距離產生美，雖然好朋友可以親密無間、朝夕相處，但也應給彼此留一個適度的空間。要尊重對方，不要妄意打探朋友的隱私，對朋友不願多說的事不應刨根問底，更不能在別人面前說三道四。

每個人都有自己相對獨立的生活，有人總想介入朋友的生活，這種行為就好像緊靠在一起取暖的兩隻愚蠢的刺蝟，只想得到彼此的溫暖，卻忘了自己身上長滿了利刺，結果雙方都被扎得體無完膚。

朋友間應保持適當的距離，懷著關切的目光在旁邊默默注視、關心，絕不過多干涉對方的生活，而在他需要的時候挺身而出，為他排憂解難，像一場及時雨一樣滋潤著朋友的心田，令他倍感輕鬆。這才是真正的朋友。每個人都有自己的生活方式，無論關係多親近，都不要過多干涉朋友的愛恨，有些話點到為止才是起碼的尊重。

距離產生美感，朋友之情再深，也不必天天黏在一起，因為相距越近，越容易挑剔對方的缺點和不足，忽視對方的優點和長處，長此以往，會產生矛盾摩擦甚至導致斷交。

對朋友要「敬而無失」，如果朋友之間保持一定的距離，可以使彼此忽視對方的缺點，而發現對方的優點和長處，並對對方有所牽掛，這樣友誼就才能長久維持下去。

不要觸及朋友的感情問題，因為你的評論不可能站在兩個人的角度上去考慮，也無法一個人體會著兩個人截然相反的感受，更不可能感受到他們由相愛到分手、海誓山盟變為分道揚鑣的整個過程，所以，你的評論是不客觀、不切實際的。評論朋友感情的是與非對於你來說沒有一點好處，反而會為你們的友情添加傷痕。

如果兩個好朋友在事業上能夠志同道合，在生活上能夠互相關心，而在私人生活上又相對獨立，彼此不打擾對方喜歡的生活，那才是一種高尚的友誼，相信這也正是我們作為別人朋友所要追尋的境界。

2 秉持「寧缺毋濫」的交友原則

交到好的朋友，不僅可以得到情感的慰藉，而且朋友之間可以互相砥礪，相互激發，共赴患難，成為事業的基石。朋友之間，無論志趣，還是品德、事業，總是互相影響的。

一個人一生的道德與事業，都不可避免地受到身邊人的影響。從這個意義上可以說，選擇能讓自己上進的朋友就是選擇一種積極向上的人生。

天文學家張衡的成就，與他一批優秀的朋友有著極大的關係。張衡在青年時代便與當時極有才華的青年人馬融、竇章、王符、崔玻成了知己。

其中的崔玻，對天文、數學、曆法都很有研究。在與張衡的交往中，兩個人經常一起探討問題，這給張衡的幫助很大。張衡後來在天文學、物理學方面的偉大成就，有崔玻的不少功勞。

星雲大師認為：朋友不是用數量來衡量的。就算你有一堆朋友，如果這些人個個都是酒肉之徒，那麼他們非但不會給予你任何幫助，反而會把你拖下水，這樣的朋友不要也罷。交友要秉持「寧缺毋濫」的原則，好朋友多多益善，壞朋友敬而遠之。

「蒼蠅不叮無縫的蛋」，之所以那些人品有問題的人會成為我們的朋友，主要原因還是在於我們自己沒有把握好交友的尺度，在交友的過程中忽略了對人品的考察，因一時的小恩小惠而與這樣的人結成朋友。與這類人長時間交往下去，我們也會逐漸墮落，丟掉做人的原則，從而走上錯誤的道路。因此，結交有益的朋友是十分必要的。

洪應明說：「教弟子，如養閨女，最要嚴出入，謹交遊。若一接近匪人，是清淨田種下一不淨的種子，便終生難植嘉禾矣。」

朋友與書籍一樣，好的朋友不僅是良伴，也是我們的老師。

第一次世界大戰中，法蘭西的陸軍元帥福煦曾說過：「年輕人至少要認識一位善通世故的老年人，請他做顧問。」

薩加烈也說過同樣的話：「如果要求我說一些對青年有益的話，那麼，我就要求你時常與比你優秀的人一起行動。就學問而言或就人生而言，這是最有益的。學習正當地尊敬他人，這是人生最大的樂趣。」

當然，要與優秀的人締結友情，跟第一次就想賺百萬美元一樣，是相當困難的事。這並非是因為偉人們的超群拔萃，而在於你自己容易忐忑不安。其實，事情並不像你想像的那麼困難，你完全可以無所顧慮地和地位較高的人親近。

美國有一位名叫亞瑟·華卡的農家少年，在雜誌上讀了一些大實業家的故事，很想知道得更詳細些，並希望能得到他們對後來者的忠告。於是，他跑到紐約，早上七點就到了威廉·亞斯達的事務所。

亞斯達覺得這個莽撞的少年有點討厭，但一聽少年問他：「我很想知道，我怎樣才能賺得百萬美元？」他的表情便柔和了很多。兩人談了很久，隨後，亞斯達還推薦他去拜訪其他實業界的名人。

華卡照著亞斯達的指示，遍訪了一流的商人、總編輯及銀行家。他得到的忠告對他賺錢也許沒有多大幫助，但他們給了他自信。兩年後，二十歲的華卡成為他曾做過學徒的那家工廠的所有者。廿四歲時，他成了一家農業機械廠的總經理；不到五年，他就如願以償地擁有了百萬美元的財富。

不少人總是樂於和比自己差的人交往，因為和這樣的人在一起，可以讓你在同他的比較中獲得自信，保持優越感和信心。可是，從不如自己的人身上顯然是學不到什麼的，它會讓你喪失前進的動力，看不到自己與優秀之人的差距，成為一隻井底之蛙。

所以，我們要多和那些人格、品行、學問、道德都勝過自己的人交往，儘量汲取種種對自己生命有益的東西。這樣可以提高我們的理想和志向，激發出自己對事業更大的熱情和幹勁來。

當然，友誼也不是一廂情願的事，朋友必須是互動的，你只有不斷提升自己，才能在更高層次上結交更高的朋友。更重要的是，要重視朋友，做任何事情都不能以犧牲友誼為代價。

清末名臣曾國藩說過：「一生之成敗，皆關乎朋友之賢否，不可不慎也。」和優秀的朋友在一起，是一種精神文化的延伸，可以讓自己增加知識，增長見識，增大胸懷，是快樂的源泉。所以，我們要多結交優秀的、能讓自己上進的朋友，而對那些讓我們停滯不前的人避而遠之。

3 成佛之後，第一個度的人便是朋友

星雲大師說，佛陀弘法時處處寬容那些迫害、誣陷、加害他的人，同時以自己骨肉的割捨，促使傷害他的人有所警覺，在成佛之後，第一個度的人便是自己的朋友。

愛和寬容是獲得友情的基本原則。對於人際關係中的是是非非，我們應該多一些容人之量，少一些小肚雞腸，對親人如此，對朋友、同事甚至是陌生人也應如此。

人和人之間其實沒有什麼解不開的疙瘩，但由於相互之間的不寬容，彼此之間的隔閡才會越來越深。相反，如果彼此之間多一些寬容，所有人都可能成為朋友。

若想朋友之間長久交往，溫、良、恭、儉、讓的謙和之德與禮貌之舉

是必不可少的。不過，朋友之間如果只是一味地重視禮讓，不但貶低了自己，也喪失了原則，恐怕會更加糟糕。所以，朋友間的交往要恰如其分，不強交，不苟絕，不面譽以求親，不愉悅以求合。

朋友之間在非原則問題上應謙和禮讓、寬厚仁慈，多點糊塗；但在大是大非面前，則應保持清醒，不能一團和氣。見不義不善之舉應阻之正之，如力不至此，亦應做到不助之。如果明明知道有人在行不義不善之事，卻因他是長輩、上司、朋友，即默而容之，這是一種很自私的趨避。

有時候，立定腳跟做人的確會冒風險，也可能會受到暫時的委屈，受到別人的不理解。但是，這種公正的品德最終會贏得人們的尊敬。如果是真心待人，就應該對他加以愛護，不但幫助他渡過重重難關，也要幫助他克服重重困難，天長日久，朋友們自然會瞭解你的為人和品格。

4 以同道為朋

所謂「物以類聚，人以群分」，人們在交往中，如果發現彼此志趣相投，自然會成為知己朋友；相反，如果隨著交往的深入，發現雙方的價值觀有著天壤之別，即使彼此已經非常熟識，也會因為這種觀念上的差異而分道揚鑣。

管寧和華歆曾是一對非常要好的朋友，一起吃，一起住，一起讀書。

有一次，他倆一塊在地裡鋤草，管寧挖到了一塊黃澄澄的金子，但他卻一點也不在意，扔在一邊，繼續鋤草；華歆看到了忙跑過來，激動地拿在手裡，顯出貪婪之色。

管寧責備華歆說：「錢財應該靠自己的辛勤勞動去獲得，一個有道德的人不該貪圖不義之財。」華歆不贊同他的說法，也不好意思說什麼。

又有一次，他倆坐在一張席子上讀書，外面忽然一片鼓樂之聲，分外熱鬧。他們走到窗前一看，原來是一位達官顯貴從這裡經過。

管寧回到原處繼續讀書，華歆卻完全被這種張揚和豪華的排場吸引住，書也不讀了，跑到街上去看個仔細。管寧看到華歆的行為很失望。

等華歆回來後，管寧拿出刀子把他們共同坐的席子從中間割成兩半，痛心地宣布：「我們兩人的志向和情趣太不一樣了。從今往後，我們就像這被割開的草席一樣，再也不是朋友了。」

人們對和自己相似的人容易看順眼，容易成為朋友。相反，如果志趣不投，人和人就不容易成為朋友；即使本來是朋友，一旦發現志趣各異，也會變成陌路人。所謂「道不同不相為謀」，志趣迥異的兩個人，無論相識多久，都如同兩條平行線，不管靠得多近，永遠沒有交心的那一天。

心理學上把這稱作相似性原則：人們往往喜歡那些與自己相似的人。這裡所說的相似是指人們感知到的相似性，包括信念、價值觀、態度和個性品質的相似性，外貌吸引力的相似性，年齡的相似性，以及社會地位的相似性等。

心理學家認為，跟與自己相似的人交往能夠肯定我們自己的信念、個性品質和價值觀，起到正面強化的作用，彼此在交往的過程中，也極少因為觀念的相悖而發生爭執和相互傷害。此外，一些相似的人容易共同組成一個群體，人們生活在這個團體中，可以團結一致對付外界的阻力，增強安全感和歸屬感。

假使我們來到一個陌生的環境，發現自己與周圍的人格格不入，不妨嘗試著「偽裝」一下自己，表現出與他們相同的特質，這樣會更容易被他們所接納。

十九世紀的畫家梵谷出生於一個基督教牧師的家庭。

廿五歲時，他來到比利時南部的礦區博里納日傳教，那裡的人們都以做礦工謀生，穿著破爛的衣服，滿臉煤灰。剛到那裡的時候，梵谷擔心自己不被他們接納。

一天，梵谷到礦區撿了很多煤渣用來燒爐子。之後，因為時間緊迫，他來不及清洗滿臉的煤屑，就登上了講壇開始佈道。出乎意料的是，他的佈道很成功，受到了人們的普遍歡迎。

當他回到住處，準備洗臉時候，猛然從鏡子中看見臉上沾著一層厚厚的煤屑。

「原來如此，」梵谷恍然大悟道，「這就是他們認可我的原因所在。」

從那以後，梵谷每天都往臉上塗煤灰，使自己看起來更像當地人。

當我們與他人初次見面時，通常會詢問對方「是哪裡人，學什麼專業，在哪裡高就」等問題。一問之下，發現彼此竟是同鄉、同行、校友，便會頓生親切之感。

很多人擔心和陌生人交談時找不到共同的話題，其實人與人之間會有很多相似的地方，比如相似的經歷、對某件事情的共同看法、喜好同一件東西等。

只要你用心觀察，或許就會發現你們原來喜歡同一種顏色，對同一本小說情有獨鍾，有一部電影讓兩人都曾經潸然淚下，喜歡午後到同樣的一家咖啡廳裡喝咖啡。慢慢地，隨著談話的深入，你會發現兩人之間相似的地方越來越多，氣氛也會越來越融洽。

當對方對某件事發表了與你相似的看法，或者講述了一段與你相似的經歷時，你要適時地來一句：「我也是這麼想的，你與我真是太投緣了！」「太巧了，我也去過那裡。」有時，只要這麼簡短的一句話，就能夠拉近彼此的心理距離。

於千萬人之中遇見你，或許就因為一次投緣的談話，讓彼此覺得有那麼多相似的地方，於是原本萍水相逢的兩個人，相逢恨晚，引為知己。

5 欣賞對手的品質與人格

《最好的管理學》中提到：俗話說「伸手不打笑面人」。

當你決定把對方看成朋友，當你用善意回應對方時，相信對方的敵意也會像冰雪那樣在陽光下消融。請牢記，消滅敵人最好的辦法就是讓他成為你的朋友。

有位飼養員非常擅長與動物相處，無論牠們多麼凶猛，他總是有辦法讓牠們服服貼貼，乖巧無比。人們都很羨慕他的本領，又非常好奇他為什麼能做到與猛獸和諧共處。

一位記者來採訪他，他的答案很簡單：「因為我發自內心地喜歡牠們呀，所以牠們也回報我同等的喜愛。」

「難道發自內心的喜愛就能換來與動物的友好相處嗎？」記者不相信他的說法，「我很喜歡大型犬，但是一靠近牠們，牠們就會衝我汪汪大叫。」

這位飼養員笑了：「你靠近牠們的時候想著什麼呢？」

記者想了想，回答說：「我總是很擔心牠們會撲上來咬我。」

「這就對了，你根本就不相信自己能和牠們友好相處，在接觸牠們的時候，首先就產生了恐懼和提防的心理，做好了隨時反擊逃跑的準備。動物的感覺比人類更敏銳，牠們一旦感受到你的恐懼和提防，自然就不會對你產生接納之心，這樣，你當然沒法接近牠們啊！」

聽了飼養員的話，記者恍然大悟。

飼養員相信動物不會傷害他，因此在面對動物的時候，心中只有對動物的喜愛，沒有一絲一毫的敵對情緒。這種友善馴服了猛獸，讓牠們能夠與飼養員友好相處。

尊重對手就是尊重自己，這樣不但能贏得對手的尊重與友誼，還能展示出你的度量與胸懷。我們要明白一點：或許我們在認識、立場、價值取向上各有不同，或許我們對彼此的生活習慣、行為方式看不順眼，甚至我們就是水火不容的敵人，但這並不妨礙我們看清楚對手身上的優點和長處，也不影響我們欣賞對手的品質與人格。

球王喬丹在公牛隊的時候，有一名叫皮朋的新秀將他視為自己的勁敵，不但經常和他針鋒相對，還時常對他冷嘲熱諷，總說自己有實力超越喬丹，喬丹早晚要給自己讓路之類的話。

面對皮朋的敵意，喬丹並沒有利用自己的影響力對他進行排擠打擊，反而寬容相待，經常在球技上提點他、鼓勵他。

有一次，兩人在練習場上相遇，喬丹主動問皮朋：「你覺得我們倆誰的三分球投得好？」

皮朋撇了撇嘴說道：「我知道是你投得好，怎麼，你這是對我炫耀嗎？我早晚會超過你的。」

喬丹笑道：「雖然我的三分球成功率是比你高一點，但我認為其實你投得比我好。」

皮朋很吃驚地看著喬丹。

喬丹解釋說：「我仔細觀察過，你投球的動作流暢自然，總能把握最好的時機，這是我不具備的天賦。最重要的是，我只習慣用右手投籃，而你左右手都沒有問題，以後你一定能超過我。」

皮朋被喬丹的直率和真誠所感動，以後再也沒有對他冷嘲熱諷了。

「如果你握緊兩個拳頭來找我，」威爾遜總統說，「對不起，我敢保證我的拳頭會握得和你的一樣緊。但如果你到我這兒來，說：『讓我們坐下來一起商量，看看為什麼我們彼此意見不同。』那麼不久我們就會發現，我們的分歧其實並不大，我們的看法同多異少。因此，只要我們有耐心溝通，我們就能相互理解。」

6 逢人只說「三分」話

俗話說，「逢人只說三分話」，還有七分話不必對人說出。你也許以為大丈夫光明磊落，事無不可對人言，何必只說三分話呢？

對此，星雲大師解釋說，說話須看對方是什麼人，對方不是可以盡言的人，你說三分真話，已不為少。所以，逢人只說三分話，不是不可說，而是不必說、不該說，與事無不可對人言並沒有衝突。

說話有三種限制，一是人，二是時，三是地。非其人不必說；非其時，雖得其人，也不必說；得其人，得其時，而非其地，仍是不必說。

在同事中發展交情宜慎重，因為大家長期相處，交友不慎將影響你以後的處境。起初，同事之間大多不會顯露出對公司的意見，但俗話說得好，「路遙知馬力，日久見人心」，只要一起吃過幾次飯，一些見識淺薄的人就很容易把自己的不滿情緒傾訴給你聽。對於這種人，你不應和他有更深的交往，只需做普通同事就可以了。

假如和對方相識不久，交往一般，而對方就忙不迭地把心事一股腦地傾訴給你聽，並且完全是一副苦口婆心的模樣，這在表面上看來很容易令人感動，然而，轉過頭來，他又向其他人做出了同樣的表現，說出了同樣的話，這表示他完全沒有誠意，絕不是一個可以進行深交的人。

「交淺言深，君子所戒」，所以，千萬不要附和這種人所說的話，最好是不表示任何意見。有些人唯恐天下不亂，喜歡散佈和傳播一些所謂的內幕消息，讓別人聽了以後感到忐忑不安。例如「公司將會裁員」「公司將會改組」「上司對某某人不滿」等話語，都是這種人的「口頭禪」，與這種人要保持距離，以免被其擾亂視聽，或者讓他捲入某些是是非非。

有的人喜歡盜用公司資源。所謂盜用公司的資源，不一定是指私用公司的文具或其他物質，也包括在工作時間做私人事務。許多人認為薪水太低，因而總是想方設法抽出部分工作時間去辦理私人的事，以作為心理上的補償。不要與這種人成為好朋友，否則一旦被上司發現，對你的印象就會大打折扣，認為你們是一丘之貉。

在公司中，有許多人為了保持現狀，對一切事情都抱著「事不關己，高高掛起」的態度。他們凡事低調處理，不參與任何是非爭執。這種人不容易相信別人，但還可以做朋友。假如能夠打開他的心扉，進入他的心靈，也可能會成為知己。

和上面所說的那種人相反，還有一些人對公司很有感情，他從來不分上下班時間，都待在公司裡工作，甚至會在公司裡做私人的事，好像把公司當成自己家。這種人的最大特點，就是把私人時間和工作時間完全混淆了，他們對此沒有概念上的劃分，工作起來非常刻苦。因此，一旦遇到加薪幅度不夠理想或遭受老闆批評這樣的事情，他們就會感到委屈，並很激動地認為公司欠他太多。與這種人多接觸，有助於你對公司有更多、更深的瞭解。但是，有一點必須記住——絕不效仿！

7 積累各行各業的朋友

現代社會中，擁有良好的社會關係就等於擁有比別人更多的機會。因此，在創業之前或創業過程中，要有意識地積累各行各業的朋友。

星雲大師在開講人緣時說：你的人緣，包括你的朋友、親人，還包括所有可以互相幫助的人。這些人有的是你的同事，有的受過你的恩惠，有的你傾聽過他們的問題，有的你和他有著相同的愛好。

人緣不是一朝一夕就能建立起來的，它需要幾年甚至十幾年的培養。一個人在事業上、生活上的成功，其實就如同一個政黨的成功，要有許多人散佈在適當的地方，你可以依賴他們，他們也可以依賴你。掌握了上面的原則，建立了牢固的關係網，就算不成功，離成功也不遠了。

打造良好人緣關係的基本方法與原則如下：

●不輕易樹敵

我們可能會遇到來自世界各地不同背景的人，環境變化很快，因此要有很強的應變能力。

素昧平生或者關係淺淡的人並沒有義務在你需要的時候幫助你。假如有求於對方，就要用婉轉易於接受的方式提出。

先寒暄，聊大家都關心的事情，最後在不經意間表達你的請求。無論誰，即使地位再高，也會在交往的過程中把對方視作朋友，如此做事才可能順利。此外，要掌握說話的藝術，不能永遠都用同一種方式說話，應對不同的人，要有不同的方式，否則稍不注意，就很容易得罪人。有了這樣的意識，遇到人就會自動將他們分類，形成自己的一套待人處世的邏輯。

在交往過程中還可能會碰到各種類型的人，其中有你喜歡的，也有你不喜歡的。對於你喜歡的人，交往親近起來非常容易，團結這些人並不難。問題的關鍵是，如何同你不喜歡的人建立良好的人際關係呢？

首先儘量找出他們身上的優點，並用包容的心態對待他的缺點，如果能做到這些，或許就能與你不喜歡的人結為朋友。但也有可能你無論如何也找不出他的優點，或根本無法包容他的缺點。對待這種實在無法交往的人，你要做到喜怒不形於色，不當面指責或指出他的毛病，避免和他爭吵及發生任何正面衝突。這樣就不至於使他們成為你的敵人。因為一旦成為你的敵人，他們就會給你帶來很多不必要的麻煩。

●與社會名流和關鍵人物建立關係

社會名流是在社會上有影響的人，與他們建立良好的個人關係無異於為我們的成功插上了翅膀。但這些名流往往都有他們固定的交際圈，一般人很難進入到他們的關係網裡。我們可以從如下幾個方面入手和他們交往。

第一，在與名流交往之前多瞭解有關名流的資訊，托人引薦，多參加社會公益活動，多出入名流常常出入的場所，這樣，你就會有機會結交到這些社會名流。

第二，在結交這些社會名流時，還要注意給對方留下一個好印象，千萬不要死纏著別人不放，這樣做只能得到相反的結果。

第三，通過一次交往建立良好的關係是很難的，所以，應多製造交往機會，多次接觸才能建立較為牢固的關係。

●結交成功者和事業夥伴

「近朱者赤，近墨者黑」，講的就是這個道理。成功人士的優秀品質時時刻刻都能使我們的缺點暴露出來，他們可以成為我們很好的學習榜樣，他們的成功事例能不斷地激勵我們。如果我們和這些成功者關係非常好，這些人還會伸出友誼之手在關鍵時刻教我們一招或者拉我們一把。總之，與優秀的人和成功者交朋友是儲備關係的重要原則。

●禮多人不怪

掌握禮節也是建立良好朋友關係必須掌握的原則。和有身分的人交往可能很容易就能做到這一點，因為對方的權勢、地位、實力足以使你敬畏，讓你不由得就會非常注重禮節。但很多人在交往時卻往往容易步入一個誤區，即熟不拘禮。他們認為和朋友講禮節、論客套會傷害朋友的感情。其實這種認識是非常錯誤的，他們並沒有意識到，朋友關係也是一種人際關係，任何人際關係之所以能夠存續下去，靠的就是相互尊重，容不得半點強求。

禮節和客套雖然繁瑣，卻是相互尊重的一種重要形式。離開了這種形式，朋友之間的關係就難以存續。因為每個人都希望擁有自己的一片天地，而不講禮節客套就可能侵入朋友的禁區，干擾到朋友的正常生活，這種情況出現得多了，自然會傷害到朋友的感情，如此，再好的關係也會因此而終結。

8 患難之交不可少

不管什麼時候，人都離不開朋友，故：「對淵博之友，如讀奇書異志；對風雅之友，如讀名人詩文；對幽默之友，如讀傳奇小說；對謹慎之友，如讀聖賢經傳。」世間上每個人都需要朋友。

夢窗國師曾說：「知足第一富，健康第一貴，善友第一親，涅槃第一樂。」經典上也記載著以下四種朋友：朋友如山，朋友如地，朋友如秤，朋友如花。

星雲大師在演講中多次提到過他歷年來結交的一些朋友，他說：患難之交猶如春風冬陽，給予我們成長，成就我們求道的因緣。星雲大師認為，真正的好朋友應該患難與共，當你需要的時候，他隨時都會伸出友誼之手。

所以，朋友的定義應該是：

◎**難與能與**：朋友有了困難，需要你的幫助時，即使自己有困難，也應該勉力而為。

◎**難做能做**：幫朋友做事，只要是好事，縱使做起來不容易也要去做。因為朋友本來就應該互相幫助，能「難做能做」，足證友誼之堅。

◎**難忍能忍**：朋友相處，有時難免會產生誤會，在一些看法上產生分歧，乃至在語言上發生口角，此時必須互相包容、容忍，尤其要難忍能忍。如果連一點包容忍耐的胸襟都沒有，再好的朋友也不能長久相交。

◎**秘事相語**：好朋友除了能在工作上互相幫忙、協助之外，尤其要能分享自己心裡的一些秘密。譬如在做人處世方面，或者財務上、感情上、事業上的秘密，都能和朋友互相協商，一起分享。

◎**不揭彼過**：好朋友可以規勸，可以勉勵，但不能張揚他的過失。你張揚他的過錯，讓他感到難堪，這不是好朋友所為。

◎**遭苦不捨**：當朋友遭遇困難、痛苦時，你不可以捨棄他，不能因為朋友一時潦倒就棄之不顧。勢利眼的人，日後也會遭到朋友的唾棄。

◎**貧賤不輕**：和朋友相交，在他榮華富貴的時候固然很歡喜，萬一貧窮、失意、受苦受難了，你也不能輕視他。能夠貧賤不輕，才是真正的患難見真情。

朋友真的很難得！「朋友」是那種沒有血緣勝似親情的存在，不是誰都可以當得起的，但沒關係，真誠並理性地去品味人生，你會擁有對你不離不棄的朋友。

十修

第十章

大家成佛道，自己度自己

和許多傳說一樣，釋迦牟尼的降生也帶有強烈的神話色彩，
但這並不妨礙我們從中領悟做人的思想和精神。
佛祖是在開釋我們：人人皆有佛性，人人皆可成佛。
——星雲大師

1 不執著，就有辦法化解

佛家說：「財富會空，真空能生妙有。」星雲大師解釋說，人在迷惑的時候，往往會有許多心結打不開，這通常都是因為自己鑽牛角尖，固執己見，聽不進別人的逆耳忠言所致。所以，當我們遭遇不順、陷入煩惱的時候，無論迷惑、愚癡或邪見，只要不執著，就有辦法化解。

有一天，一位信徒向一休禪師告辭：「師父，我不想活了，我要自殺。我經商失敗，無法應付債主們逼債，只有一死了之！」

「難道就沒有別的路了嗎？」

「沒有！我已經山窮水盡了，家裡只剩下一個幼小的女兒。」

禪師說：「我有辦法幫你解決，只要你把女兒嫁給我。」
信徒大驚失色：「這……這簡直是開玩笑，您是我師父啊！」
禪師揮揮手說：「你趕快回去宣布這件事，迎親那天我就到你家裡，做你的女婿。」
這位信徒素來虔信一休禪師，只好照辦。
迎親那天，看熱鬧的人把信徒家裡擠得水泄不通。
一休禪師安步當車抵達後，只吩咐在門口擺一張桌子，上置文房四寶，圍觀的人更覺稀奇，一個個屏氣凝神準備看好戲。
一休禪師安安穩穩地坐下來，輕鬆自在地寫起字來，一會兒工夫就擺了一桌的楹聯書畫。
大家看一休禪師的字寫得好，爭相欣賞，反而忘了今天到底是來做什麼的。結果，禪師的字畫不到一刻鐘就被搶購一空，錢堆成小山一樣高。
禪師問這位信徒說：「這些錢夠還債了嗎？」
信徒歡喜得連連叩首：「夠了！師父您真是神通廣大！」
一休禪師輕拂長袖說：「好啦！問題解決了，我也不做女婿了，還是做你的師父吧！」

所謂「窮則變，變則通」，能夠不斷尋求解決之道，就會有所覺悟，有了覺悟就會有受用，此即「迷中不執著，悟中有受用」。

寺廟裡，有一位修為深厚的老和尚，他身邊聚著一幫虔誠的弟子。這一天，他囑咐弟子們：「徒兒們，你們每人都去南山打一擔柴回來。」

弟子們匆匆告別師父下山。但行至離南山不遠的河邊，眼前的一幕卻讓所有弟子都目瞪口呆——只見水從山上奔瀉而下，阻住了去路，弟子們根本無法渡河打柴。

見此情景，眾人只得悻悻而歸，無功而返。弟子們多少都有些垂頭喪氣，唯獨一個小和尚，卻與師父坦然相對。

老和尚笑問：「打不成柴，大家都很沮喪，為何你卻如此淡定？」

小和尚看了看師父，從懷中掏出了一個蘋果，遞給老和尚，說道：「雖然過不了河，打不了柴，但我卻看見河邊有棵蘋果樹，上邊還結了蘋果，我就順手把這唯一的蘋果摘來了。」

後來，這位小和尚成了老和尚的衣缽傳人。

世上有走不完的路，卻也有過不了的河。遇見過不了的河掉頭而回，是一種生存智慧；而在河邊摘下一個「蘋果」，無疑是一種更大的生存智慧。歷覽古今，抱持這種生活信念的人，最終大都實現了人生的突圍和超越。

目標可以是一個，抵達目標的路線卻可以有所不同。在實現目標前，切忌一頭扎進去，我們需要靜下心來琢磨琢磨選擇哪種路線更有效。有時，選擇比努力更重要，尤其是在面對成效甚微的努力時，我們更需要放下執念，學會變通。

第一，要告誡自己：有些事情必須選擇妥協。

池田大作曾說：「權宜變通是成功的秘訣，一成不變是失敗的夥伴。」的確，成功除了堅持到底之外，最重要的是必須在該轉身和變通的時候，不要固執己見，否則只會讓自己離成功的目標越來越遠。所以，我們要告誡自己：有些事情必須放下執念，選擇妥協。根據情景的變化，及時調整人生的航線是量力而行的睿智和遠見，放棄已不再適合局勢的航線則是顧全大局的果斷和膽識。

第二，要養成學習新知識、接觸新事物的習慣。

絕大多數有執念的人，都是一些思想狹窄、看問題片面、不喜歡接受新事物者。他們由於思維方式偏激，觀念固定重複，在大腦皮層形成了一個「惰性興奮中心」，一旦某種思想、觀念深深地紮根其中，就很難容下其他思想、觀點了。因此，要想放下執念，就得不斷學習新知識，接觸新事物，開闊自己的思路，養成不斷更新思維方式的習慣。要知道，人生如戲，每個人都是自己生命唯一的導演。只有學會選擇新事物、放棄舊事物的人才能夠徹悟生活，笑看生活，擁有海闊天空的幸福境界。

第三，要善於克制自己，保持適度的自尊。

自尊心過強是導致執念的重要原因，而執念又常在虛榮心的滿足中得到發展。「自尊」作為人的一種精神需要固然是必要的，也是良好的。但自尊心過強，並且不是靠智慧、技能、高尚品格獲得，而是用執拗、頂撞、攻擊、無理申辯來強求，就會發展為固執。

固執的人為了達到自己的目的所表現出來的「堅持到底」的行為，與真正的百折不撓、頑強不屈的精神不能相提並論。因此，要想避免陷入執念的泥潭不能自拔，就得加強自我調控，善於克制自己，以保持適度的自尊。

第四，做事認真而不迂腐，靈活而有原則。

做事太認真的人，往往會變得頑固執拗。太認真會讓人看不清周圍真實的情況，最後受害的是自己，自己受傷、吃了虧還不知道為什麼。簡而言之，就是認真的生活態度是需要的，但認真得過頭就大事不妙了。

2 掃地掃地掃心地

大千世界，灰塵微不足道，它既不會遮擋視線，也不會遮蓋心靈，但若任由灰塵慢慢累積，物體本相將會被掩蓋直至變質，鏡子將不再明亮，金子將不再閃光，人的呼吸也會不再順暢。

現實如此，精神世界同樣如此。就人類的心靈而言，它不是我們的頭腦，也不是我們的心臟，但它就在我們的頭腦裡，在我們的心臟裡，在我們的每一寸肌膚裡。精神世界的灰塵就好比每個人內心裡的自私、貪欲等。與現實的灰塵相比，精神世界的灰塵無影無形，更具隱蔽性，更容易在精神世界堆積，讓生命失常，讓心靈失色。

因此，星雲大師說，我們必須學會掃除心靈上的灰塵。我們每天都要經歷很多事情，開心的、不開心的，都在心裡安家落戶。有些痛苦的情緒和不愉快的記憶，如果一直壓抑在心中，就會使人萎靡不振。所以，掃地除塵，能夠使黯然的心變得明亮。把一些無謂的爭端扔掉，生存就有了更多更大的空間。

一個皇帝想要整修京城裡的一座寺廟，他派人去找技藝高超的設計師，希望能夠將寺廟整修得美麗又莊嚴。下面的人找來了兩組人，其中一組是京城裡很有名的工匠與畫師，另外一組是幾個和尚。

皇帝不知道到底哪一組人員的手藝比較好，便決定給他們機會做一個比較。皇帝要求這兩組人員各自去整修一個小寺廟，三天後，皇帝要來驗收成果。

工匠們向皇帝要了一百多種顏色的顏料，又要了很多工具；和尚們則只要了一些抹布與水桶等簡單的清潔用具。

三天後，皇帝來驗收。他首先看了工匠們所裝飾的寺廟，工匠們敲鑼打鼓地慶祝工程的完成，他們用了非常多的顏料，以非常精巧的手藝把寺廟裝飾得五顏六色。

皇帝滿意地點點頭，接著回過頭來看和尚們負責整修的寺廟。他愣住了，和尚們所整修的寺廟沒有塗上任何顏料，他們只是把牆壁、桌椅、窗戶等都擦拭得非常乾淨，寺廟中所有的物品都顯出了它們原來的顏色，而它們光亮的表面就像鏡子一般，反射出從外面而來的色彩，那天邊多變的雲彩、隨風搖曳的樹影，甚至是對面五顏六色的寺廟，都變成了這個寺廟美麗色彩的一部分，而這座寺廟只是寧靜地接受著這一切。

皇帝被這莊嚴的寺廟深深地感動了，最終的結果不言而喻。

我們的心就像一座寺廟，我們不需要用各種精巧的裝飾來美化自己的心靈，只要讓內在原有的美無瑕地顯現出來就可以了。

如果你珍愛生命，請你修養自己的心靈。人總有一天會走到生命的終點，金錢散盡，一切都如過眼雲煙，只有精神長存世間，所以，人生的追求應該是一種境界。

在紛紛擾擾的世界上，心靈當似高山不動，不能如流水不安。居住在鬧市，在嘈雜的環境之中，不必關閉門窗，只任它潮起潮落，風來浪湧，我自悠然如局外之人，沒有什麼能破壞心中的凝重。身在紅塵中，而心早已出世，在白雲之上，又何必「入山唯恐不深」呢？

佛說，如果一個人內心有痛苦，那就說明這個人的內心一定有和這個痛苦相對應的惡存在；如果一個人內心已經沒有任何惡，那麼這個人的心靈是根本不會感到痛苦的。

這裡說的「惡」，並非指「大奸大惡」，也不是指一些違法亂紀的事情，而是說我們心中有貪、嗔、癡等污穢，便有種種塵勞落下，蒙在心上，讓我們的心透不過氣來。

有一個青年向一位禪師請教：「大師，為什麼像我這樣善良的人還會經常感到痛苦，而那些惡人卻活得好好的呢？」

禪師慈悲地看著他說：「既然你還經常感到痛苦，說明你內心還有惡存在，還不是純粹的善人，而那些你認為是『惡人』的人，未必就是真正的惡人。」

這個青年不服氣地說：「我怎麼會是一個惡人呢？我的心地一向很善良！」

禪師說：「請你將你的痛苦略說一二，我來告訴你，你內心存在著哪些惡！」

青年說：「我的痛苦很多！我有時感到自己的工資收入很低，住房也不夠寬敞，經常有『生存危機感』，因此心裡經常感到不痛快，並希望儘快改變這樣現狀；社會上一些沒有什麼文化的人，居然也能腰纏萬貫，而我這樣一個有文化的知識分子，每月就這麼一點收入，實在是太不公平了；我的家人有時不聽我的勸告……」

就這樣，青年向禪師述說了一大堆自己的痛苦。

禪師笑得更加慈祥了，他和顏悅色地對青年說：

「你目前的收入足夠養活你自己和全家，你們全家也有屋子住，根本不會流落街頭，只是面積小了一點而已，你完全可以不必要為這些痛苦。可是，因為你內心對金錢和住房有貪求心，所以會痛苦。這種貪求心就是惡心，如果你已經將內心的這種貪求惡心去除了，你就根本不會因為這些而感到痛苦了。

「社會上一些沒有文化的人發財了，你感到不服氣，這是嫉妒心，嫉妒心也是一種惡心。你認為自己有了文化，就應該有高收入，這是愚癡心，因為有文化根本不是富裕的因，前世佈施才是今世有錢的原因，愚癡心也是一種惡心！

「你的家人不聽你的勸告，你感到不舒服，這是沒有包容心。雖然是你的家人，他們卻有自己的思想和觀點，為什麼非要強求他們的思想和觀點和你一致呢？不包容就會心量狹隘，這是狹隘心，心量狹隘也是一種惡心！」

佛家認為，貪求心也好，嫉妒心也好，傲慢心也好，愚癡心也好，心量狹隘也好，這些都是「惡」心。因為你的內心存在著這些「惡」，所有你就有和這些惡相對應的痛苦存在。如果你能將內心的這些惡徹底去除，那麼你的那些痛苦也會煙消雲散。

所以我們要「自己動手，主動清理」，調整自己的心態，拋卻那些對我們不利的「惡」心，掃掉心裡積壓已久的塵埃，讓心接觸到這個世界。

3 無掛礙故，無有恐怖

星雲大師說：有的人因為對「有」的認識不足，總是在有所得的心態下生活，人生中的一切似乎都能令其生起執著。比如在日常生活中，我們會執著於地位、執著於財富、執著於事業、執著於信仰、執著於情感、執著於家庭、執著於生存的環境、執著於擁有的知識、執著於自身的見解等。由於執著的關係，我們對人生的一切都產生了強烈的佔有、戀戀不捨的心態，執著給我們的人生帶來了種種煩惱。

《心經》從照見五蘊皆空，到無苦集滅道，都是針對我們對「有」的錯誤認識及執著，揭示存在現象是無自性空，是假有的存在，其目的就是要我們放棄錯誤的認識，同時也放棄對它的執著。像《金剛經》所說的「不住色生心，不住聲香味觸法生心」那樣去生活。

「無智亦無得，以無所得故。」意思是說，認識到所緣境空之後，放棄了對境界的執著，那這顆能認識的心是否實在呢？不然，心也是緣起的。比如說，眼睛認識活動的產生，它要依賴九個條件：即眼睛、色塵、光線、空間、種子、俱有依、分別依、染淨依、根本依。其他一切精神活動都一樣，也都是緣起性的。當我們認識到所緣境空，不對「有」生起實在的執著，是無得；此時妄心自然息滅不起，是無智。

《大般若經》說：「一切法不生則般若生，一切法不現則般若現。」在妄心、妄境、妄執息滅的情況下，此時顯現的清淨心、平常心便是般若的功用。

「菩提薩陲，依般若波羅密多故，心無掛礙。」「菩提薩」是「菩薩」的全稱，梵語「菩薩」唐譯「覺有情」，具有覺悟有情或令他有情覺悟的意思。「覺有情」是相對有情說的。有情，以情愛為中心，對世間的一切都想佔有它、主宰它，想使與自我有關的一切從屬於我，要在我所的無限擴大中，實現自我的自由，然而，不知我所關涉的愈多，自我所受的牽制愈甚。覺者則不然，以般若觀照人生，無我，無我所，超越了世間的名利，因而心無牽掛。

禪者隱居山林之中，面對青山綠水、一瓶一缽，了無牽掛，對於他們來說，生死都已不成問題，還有什麼可以值得他們操心呢？

佛陀時代，有一位跋提王子在山林裡參佛打坐，不知不覺中，他喊出了：「快樂啊！快樂啊！」

佛陀聽到了就問他：「什麼事讓你這麼快樂呢？」

跋提王子說：「想我當時在王宮中時，日夜為行政事務操勞，處理複雜的人際關係，時常又要擔心自身的性命安全，雖住在高牆深院的王宮裡，穿的是綾羅錦緞，吃的是山珍海味，多少衛兵日夜保護著我，但我總是感到恐懼不安，吃不香睡不好。現在出家參佛了，心情沒有任何負擔，每天都在法喜中度過，無論走到哪裡都覺得自在。」

「無掛礙故，無有恐怖。」有情因為有執著、有牽掛，對擁有的一切都足以產生恐怖。比如，一個人擁有了財富，他就會害怕失去財富，想法子保存它；擁有地位，就會害怕別人窺視他的權位；擁有色身，就會害怕死亡的到來；穿上一件漂亮的衣服，怕弄髒了；談戀愛，害怕失戀；擁有嬌妻，害怕被別人拐去；黑夜走路，害怕別人暗算；在大眾場合說話，害怕說錯了丟面子。總之，對擁有的執著牽掛，使得我們終日生活在恐怖之中。

覺者看破了世間的是非、得失、榮辱，無牽無掛，自然不會有任何恐怖。就像死亡這樣大的事，在世人看來是最為可怕的，而禪者卻是一樣自在灑脫。

4 認清自己，才不至於迷失本相

星雲大師說，很多人最引以為豪的事，就是能在某個地方聽到別人喊出自己的名字，其實，就是想把自己最真實的一面展示出來。能做真正的自己，這是對生命最好的詮釋。

全世界有那麼多人，為什麼成功的就那麼幾個？其中最重要的原因就是他們不會做自己，只想去做別人。這些人看到別人的成功就想複製，殊不知，每個生命在這個世界都是唯一的存在，沒有哪一個生命會和另一個生命完全一致，那些成功人士想的是如何把生命盡情地展示出來，而不僅僅是複製別人。

大珠慧海千里迢迢，求見馬祖道一禪師。
馬祖問他：「你來這裡做什麼？」
大珠答道：「來求佛法。」
馬祖說：「我這裡什麼也沒有，哪有佛法可求？你自己有寶藏不顧，離家亂走做什麼？」
大珠既驚又惑，急忙問道：「什麼是我的寶藏呢？」
馬祖說：「現在問我的，就是你自己的寶藏。」
馬祖進一步啟示說，「它一切具足，毫無欠缺，你可隨心所欲運用它，何必要向外尋來呢？」
這一番睿智之語，使大珠頓悟。所謂的「寶藏」，就是指個人的「自性」。

南塔光湧是五代時期的禪僧。
十九歲那年，光湧去拜謁仰山慧寂禪師。
仰山問他：「你來做什麼？」
光湧答：「來拜見禪師。」

仰山又問：「你見到禪師了嗎？」

光湧答：「見到了！」

仰山再問：「禪師的樣子像不像驢馬？」

光湧答：「我看禪師也不像佛！」

仰山追問：「既不像佛，那麼像什麼？」

光湧答：「若有所像，與驢馬有何分別？」

仰山大為驚嘆，說：「聖凡兩忘，情盡體露。恐怕二十年中，都沒有人能優勝於你，你好好保重。」

仰山為什麼要驚嘆？無他，只因光湧答得妙：禪師就是禪師，不管你像驢像馬像佛，但你本質上就是個禪師，像與不像有什麼干係，是與不是才重要。

勇敢地做自己是成功的條件之一。這個世界不會出現第二個比爾．蓋茲，也不會出現第二個牛頓，因為他們已經存在，你唯一能做的就是做好自己，然後超越他們。當別人問你最崇拜的人是誰的時候，你可以很自信地告訴他：我自己。

一個人如果有勇氣佩服自己，那他註定會成就一番不平凡的事業。因為他把心思全部放到了自己身上，不會管別人怎麼樣，別人有再大的成就也是他們的，與你無關。自己的生命只有自己最懂得珍惜，也最看重。每個人都希望自己的價值能充分地體現出來，只有這樣，你才是你，你才能讓別人知道你的存在。

所以，不要去管別人怎麼樣，我們要想的是自己應該怎麼樣。我們想做什麼樣的人，就要朝著這個方向去努力，拋開世俗的束縛，勇敢地去追求，做一個真正的自己。

5 人人皆可成佛

星雲大師曾在講道時說過，和許多傳說一樣，釋迦牟尼的降生也帶有強烈的神話色彩，但這並不妨礙我們從中領悟做人的思想和精神。

比如佛祖剛剛降生之際便說「天上天下，唯我獨尊」——乍聽起來倒像是出自武俠小說中的魔教教主之口，實際上是我們的理解太過於表面化了。「唯我獨尊」中的「我」，並不是指個人的「小我」，而是指廣大眾生的「大我」，是指大千世界中的每一個人。佛祖是在開釋我們：人人皆有佛性，人人皆可成佛。

元持和尚在無德禪師座下參學，雖然精勤用功，但始終無法有更深的體悟。

有一天，元持請示無德禪師道：「弟子入林多年，一切仍然懵懂無知，空受供養，每日一無所悟，還請老師慈悲指示，每天在修持、作務之外，還有什麼必修課程？」

無德禪師答道：「你要看管你的兩隻鷲、兩隻鹿、兩隻鷹，並且約束口中的一條蟲，同時，還要不斷地鬥一隻熊，看護好一個病人。如果能做到這些並善盡職責，相信對你會有很大的幫助。」

元持不解地說：「老師！弟子孑然一身來此參學，身邊並不曾帶什麼動物，要如何看管？何況，我問的是參學的必修課程，與這些動物又有什麼關係？」

無德禪師搖搖頭，臉上含笑著說：

「兩隻鷲，就是你需要警戒你的雙眼，非禮勿視；兩隻鹿，是你需要把持住雙腳，不要走上罪惡之路，非禮勿行；兩隻鷹，是你的雙手，要讓它經常工作，善盡職責，非禮勿動；一條蟲是你的舌頭，你需要緊緊約束，非禮勿言；一隻熊是你的心，你要克制它的私心雜念，非禮勿想；病人就是你的身體，希望你不要讓它陷於罪惡。在修道上，這些實在是不可缺少的必修課程。」

禪是什麼？禪就是生活，學禪悟禪，不是高深莫測的彌陀經文，而是立足於生活本身。

參禪如此，生活亦如此，一切從自己做起，從把握自己做起。一個人如果連自己都控制不住，還談什麼覺悟呢？

人生最大的敵人不是別人，而是自己。每個人都有心魔，心魔代表著罪惡、貪婪、私欲、欺騙、狡詐等，這些東西能影響一個人的一生，如果你控制不住這些東西，就不會明白什麼是成功。你能成就自己，也能毀掉自己。所以，命運掌握在自己手中，要想成就自己，就必須先把自己征服，控制住自己才能掌控別人。

每個人的心裡或多或少都存有一些雜念，這些雜念在一般人看來只是小事，但在一些有理想的人眼裡，這些都是影響自己前進的絆腳石，如果不能把這些絆腳石踢走，你的一生都將遭遇坎坷。

能控制自己的人，他的心必定非常堅定，遇到事情能夠果斷處理，而不會受到外界的干擾或誘惑。

每一位成功的人背後必定有一場和自己的戰爭。戰勝不了自己的人，在人生旅途中註定是一個失敗者。所以，我們要學會控制自己，在生活實踐中磨煉自己，把那些稜角磨去，讓歲月見證自己的成長。

生活給予了我們一個大舞臺，要想讓自己在舞臺上成為主角，首先必須在平時的生活中修煉自己，把自己的心智和能力提升上來，這樣打好基礎，當站在舞臺上的時候才會閃亮耀眼，一鳴驚人。

6 修行即是做事，生活無處不禪

人生的道路，無論是崎嶇還是平坦，都要靠自己去走；人生的滋味，不管酸甜苦辣，都要自己品嘗。沒有人能成為永遠的贏家，也沒有人會是真正的失敗者，只要你有信心，只要你和氣、安忍，就能無欲則剛，能忍自安。

道謙禪師與宗圓禪師結伴而行，四處參訪行腳，風餐露宿，跋山涉水，非常辛苦。

宗圓疲憊不堪，吃不了這個苦頭，幾次三番鬧著要回去。

道謙想了想，就安慰他說：

「我們決心出來參學，而且也走了這麼遠的路，現在半途放棄回去，實在可惜。這樣吧，從現在起，只要是可以替你做的事，我一定代勞。」

宗圓很高興，說：「那我可輕鬆多了。」

道謙卻說：「那可不一定，有五件事情我幫不上忙。」

宗圓問道：「哪五件事呢？」

道謙：「穿衣、吃飯、拉屎、撒尿、走路。」

宗圓終於大悟，從此再也不說辛苦。

清末的康有為說過，冬天曬太陽是一件很愜意的事情，但你不能指望別人替你去曬，你必須自己走到陽光下。民間有句諺語說：「黃金隨著潮水來，撈起你也得彎彎腰！」

世上根本就沒有不勞而獲的道理，類似穿衣、吃飯、拉屎、撒尿、走路這樣的小事情，別人絲毫都不能代替，更何況頓悟這等大事呢？實踐出真知，即便天上真的會掉餡餅，也掉不到一個空想家的頭上。

百丈懷海是馬祖道一座下最著名的入室弟子，出師後住在江西百丈山。四方禪僧紛至遝來，其門下人才濟濟，如溈山、希運等，後來都成了一代宗師。

百丈禪師對禪宗的一個巨大貢獻就是訂立了著名的禪門清規——《百丈清規》，大力宣導「農禪」的生活。

許多佛教徒認為他這樣做是犯了「戒」律，但百丈禪師不為所動，仍然以身作則，親自帶領徒弟們下地勞動，並且發誓說要「一日不作，一日不食」。

歲月不饒人，轉眼間，百丈禪師到了兩鬢蒼蒼、顫顫巍巍的風燭殘年。雖然體力不支，但他仍然不聽眾人勸告，堅持下田勞動。

有個僧人靈機一動，想出了一個「好」辦法。他趁禪師入睡的時候，把他下地勞動的工具偷走藏了起來，心想：這下師父就不用再下田了。

百丈禪師醒來後發現工具不見了，又看到徒弟們面有喜色，就知道是他們搗的鬼。雖然他也知道徒弟們這是為他好，但自己訂立的規矩和堅守的信條怎麼能就此打破？

百丈禪師說：「我沒什麼德行，怎麼敢讓別人養著我呢？」於是便以絕食抗議徒弟們的關心，「我既然發誓一日不作，一日不食，就該終生遵守。現在我沒工具下地幹活，違背了誓言，就只好用絕食來謝罪啦。」

徒弟們一看師父要來真格的，慌得不得了，趕緊又把工具偷偷放了回去。

星雲大師說，有人以為參禪，不但要摒絕塵緣，甚至工作也不必去做，認為只要打坐就可以了。其實不做工作，離開生活，哪裡還有禪呢？不去實踐，哪裡還能悟呢？不管念佛也好，參禪也好，都不要為自己的懶惰找藉口。靠自己的雙手去生活，遠比依賴別人要踏實得多。

普通人對禪的認識的最大誤區之一，就是把做事與修行分開。其實，黃粟禪師開田、種菜，溈山禪師和醬、採茶，石霜禪師磨麥、篩米，臨濟禪師栽松、鋤地，雪峰禪師砍柴、擔水，還有仰山禪師的牧牛、洞山禪師的果園，等等，都說明禪在生活中，生活才是禪。從生活中發現快樂和滿足，頓悟修行的真諦。

7 不急不急，慢慢來

星雲大師在《不急》一文中說到，中國文化給人的感覺一直是沉穩、含蓄的，就如太極拳般心平氣和、不急不躁。

《論語》說：「欲速則不達，見小利則大事不成。」但是，當今社會，經濟正在高速發展，物質水準不斷提高，不少人似乎少了耐心，多了急躁；少了冷靜，多了盲目；少了腳踏實地，多了急於求成……在市場經濟的大背景下，很少人能按捺住自己躁動的心，守住自己可貴的孤獨與寂寞，而是變得越發浮躁和一定程度的急功近利。

「浮躁」指輕浮，做事無恒心，見異思遷，不安分守己，脾氣急躁，總想投機取巧。浮躁是一種情緒，一種並不可取的生活態度。浮躁者對現有目標的專注度不夠、耐心度不足，對現有的目標擁有不切實際的想法和希望。浮躁不僅是人生最大的敵人，還是各種心理疾病的根源。

浮躁這種情緒對我們生活的影響越來越大。人浮躁了，就會終日處在又忙又煩的應急狀態中，脾氣會變得暴躁，神經會越繃越緊，長久下來，會被生活的急流所裹挾。

這種情緒在人的內心裡積存下來，久而久之，就會逐漸變成某些人固有的性格，使他們在任何時候任何環境中，都不能平靜下來，進而不自覺地在盲目和衝動的情況下，做出錯誤的決定，給自己造成更大的精神壓力，讓自己越來越急躁，終究形成惡性循環，一發不可收拾。因此，想成就大事者，要心存高遠，更要腳踏實地。

在生活中，人們熱情飽滿，凡事躍躍欲試，自然不是什麼壞事，生活本來就需要這樣一股勁頭。如果每天生活得懶散不羈，對人對事毫無熱情，生活就會成為一潭死水，毫無生機可言。但熱情也要講究方式，熱情用在積極的心態上，是一種動力；而人們所表現出的浮躁，則是一種對熱情的錯誤運用。

浮躁的人雖然並不缺乏生活熱情，卻缺少合理分配和利用熱情的能力。這類人在處事上常常缺乏理智，容易半途而廢、淺嘗輒止，宜將熱情消極化。如梁實秋所說，為迫切完成某事而心浮氣躁，就容易導致言行過分，這不僅有礙於人際關係，容易語出傷人，更容易分散心智，影響做事的效率或是錯過眼前的良機。

成功與失敗，平凡與偉大，往往就在等待的一念之間。許多成功人士的重要秘訣也就在於他們將全部的精力、心力放在了一個目標上，而且善於等待。而另外一些人，他們雖然很聰明，但心存浮躁，做事不專一，缺乏意志和恒心，到頭來只能是一事無成。

改變浮躁性格可以從以下幾個方面來做：

第一，在實踐中鍛煉耐心

耐心都是鍛煉出來的，缺乏耐心就等於自動丟掉了成功的機會。在生活中多多鍛煉自己的耐心，做每一件事時都要學會安下心來，不要總想著結果如何，要把精力放在如何做好這件事上。

第二，多看有積極意義的電影或書籍

這既能讓你放鬆心情，調節生活節奏，也能為你帶來更強大的生命動力，讓你擁有更多的生活熱情。

第三，遇到急事先冷靜

焦急的情緒並不能幫你解決任何問題，只有思考才行。思考一下如何做才能最大限度地降低損失，怎麼樣處理才能較合理地解燃眉之急，然後馬上去行動。

第四，學會循序漸進地做事

凡事不可貪大，成功要一步一步來。做事前首先要安下心來，為自己樹立起框架，然後從最微小的部分做起，循序漸進，逐漸完成。

心雲投影 星雲大師傾談人生修行

作者：羅金
發行人：陳曉林
出版所：風雲時代出版股份有限公司
地址：10576台北市民生東路五段178號7樓之3
電話：(02) 2756-0949
傳真：(02) 2765-3799
執行主編：朱墨菲
美術設計：許惠芳
行銷企劃：邱琮傑、張慧卿、林安莉
業務總監：張瑋鳳

初版日期：2017年9月
版權授權：馬鐵
ISBN ：978-986-352-491-5
風雲書網：http://www.eastbooks.com.tw
官方部落格：http://eastbooks.pixnet.net/blog
Facebook：http://www.facebook.com/h7560949
E-mail：h7560949@ms15.hinet.net
劃撥帳號：12043291
戶名：風雲時代出版股份有限公司

風雲發行所：33373桃園市龜山區公西村2鄰復興街304巷96號
電話：(03) 318-1378
傳真：(03) 318-1378
法律顧問：永然法律事務所 李永然律師
　　　　　北辰著作權事務所 蕭雄淋律師

行政院新聞局局版台業字第3595號 營利事業統一編號22759935

定價：280元

國家圖書館出版品預行編目資料

心雲投影—星雲大師傾談人生修行 ／羅金 著． --
初版． -- 臺北市：風雲時代，2017.07-　面；公分
ISBN 978-986-352-491-5（平裝）

1.佛教修持　2.生活指導
225.87　106010818